叔本華

ショーペンハウアー
慾望にまみれた世界を生き抜く

在充滿慾望的世界求生存

梅田孝太

嚴可婷——譯

◆關於〔青春哲學三部曲〕出版企劃

《佛洛姆：自由自在活著，不怕孤獨》
《漢娜・鄂蘭：極權主義的惡夢》
《叔本華：在充滿慾望的世界求生存》
三位思想家的三個主題，簡單扼要歸納思想精華。

①闡述究竟這是什麼樣的思想（概論）
②這種思想為什麼會誕生（時代背景）
③現在為什麼應該閱讀這樣的思想（當下能如何應用）

從以上三個方向探討關於個體、人生、社會、政治與國家等主題，是能一氣呵成讀完的「當代思潮」精巧一冊！

推薦序

一個厭世主義者的成長之旅

——厭世哲學家（《厭世講堂》作者，同名粉絲專頁經營者）

叔本華是十九世紀最具代表性的德國哲學家之一，但他也充滿爭議。二十世紀的英國哲學家羅素在《西方哲學史》中對叔本華持輕蔑態度，將他稱為「悲觀主義者」，並形容他的哲學「淺薄」，甚至質疑其真誠性。叔本華提倡人生不值得過，但他本人卻過著舒適的生活，依靠豐厚的遺產，天天上餐廳享受美食，風流成性，且對死亡極度恐懼。難怪羅素會說：「他完全是自私的。很難相信，一個深信禁慾主義的人，竟從來不曾實踐自己的信念。」

儘管如此，我對叔本華的哲學還是感到相當親切，因為他並非典型的「西方」思想家。他熱愛印度哲學，其思想與佛學相近，並影響了許多中國近現代學者。其中最值得一提的是晚清思想家王國維，他深愛叔本華的哲學，並以之闡釋《紅樓夢》，撰寫了《紅樓夢評論》，澈底改變了《紅樓夢》的命運，使其成為中國最偉大的小說。如果沒有叔本華，《紅樓夢》今日的地位或許難以想像。

在西方哲學傳統中，多數思想家不認為宇宙是虛假或墮落的。例如柏拉圖和斯賓諾莎，都主張宇宙的本質是完美的理念或神性，認為人類的存在是有意義和希望的。西方哲學有崇尚光明的傳統，與此形成對比，叔本華的哲學卻走向完全相反的方向。他認為世界是虛幻的，而宇宙的本質則是「意志」，而非完美的理念或神性。

叔本華所謂的「意志」是一種全然盲目、沒有任何價值意識的「求生存」的欲力，可以簡單理解為「食色性也」的動物性欲念。如果宇宙的驅動力是這種盲目的無意識，那麼宇宙的存在本身就沒有任何意義或價值可言。

在這種宇宙觀的指導下，叔本華認為人類的生命只是一個追求慾望滿足的過程，飢餓時想吃，飽暖時則追求淫慾，一旦得到滿足，又會陷入無聊，直到新的渴求再次出現。如果人生的本質如叔本華所說，僅是「滿足」與「匱乏」之間的擺盪，那麼人生確實沒有什麼值得活的了。

然而，這只是叔本華哲學的起點，而非終點。顯然，他並不主張人應該像蟲一樣，僅僅只會吃與蠕動，否則他又何必寫這麼多書呢？叔本華認為，雖然人與萬物的本質都是「意志」，但「意志」也有高低之分。

簡而言之，人類的意志可以分為「知」與「感」兩方面：

1. 「知」的能力：使人能認識這個表象世界，並理解時間、空間、因果等「充足理由律」，從而建立起科學。
2. 「感」的能力：涵蓋一切情欲與生命能量，並能通過某些內在體驗，感知到「意志」本身，甚至超越「意志」，進入寂滅（涅槃）。

這裡再次顯示出叔本華與西方哲學的巨大差異。西方哲學重視「知」，強調思辨與系統性，因此發展出了龐大而精密的邏輯學與知識論，並最終孕育了科學。相比之下，叔本華和東方哲學則更重視「感」，追求身心的安頓與內外統合，最終旨在達到終極的「解脫」。

叔本華認為，人一生都受制於「意志」（欲），永遠無法得到真正的滿足，從而眾生皆「苦」。人唯一的出路便是「求解脫」，而解脫的途徑有兩種：一種是通過藝術欣賞（尤其是音樂），使人暫時脫離現實，進入物我兩忘的閒適狀態；另一種則是「意志之否定」，即通過某種程度的禁慾，消滅或克制自身的意志，才能超脫其制約，達到真正的解脫，進入類似佛家所謂「涅槃」的境界，那才是身心得以真正安定的狀態。

儘管叔本華的哲學受到康德的啟發，並在「現象」與「物自身」（又譯為「物自體」）的二分架構下展開思考，但由於他引入了印度哲學「梵我合一」的觀念，因此他提出了「意志」的概念，將「現象」與「物自身」的二分架構統合起來。

對叔本華而言，整個宇宙都是「意志」的投影，是虛幻不實的表象，唯有「意志」是真實的存在；就此而言，「意志」就相當於康德所謂的「物自身」。然而，問題在於：在這個虛幻不實的宇宙中，我們該如何觸及到「意志」這唯一的真實呢？如果「我」就是「意志」，那麼「我」又該如何觸及「意志」本身，甚至超越「意志」的束縛呢？

這時，「身體」的重要性便顯現出來了——叔本華是少數特別關注「身體」的西方哲學家。在西方哲學傳統中，「身／心」通常是二元對立的，心是主宰者，身則是物理性、被動式的存在。然而，叔本華卻顛覆了這種「身／心」對立，將兩者統合起來。

叔本華認為，「我」就是「意志」，也就是「身體」，這三者是一體的。雖然我們的肉身是虛幻不實的假象，但身體並非僅僅是外在的肉身，而是貫通內外的樞紐，它提供了一條通向內在意志之路，使我們得以藉由身體的修煉觸及「意志」，甚至超越「意志」，進入「涅槃」——這正是叔本華特別重視「感」的根本原因。

綜上所述，叔本華的哲學雖然承繼了西方哲學傳統，但又朝著完全不同的方向發展。儘管至今仍有許多爭議，卻啟發了無數後世哲學家，成為「後現代思潮」的先驅，這正是他對當代世界的巨大貢獻。叔本華對宇宙本質是盲目衝動的「意志」理論，不僅被尼采繼承並發展出「權力意志」與「超人」學說；他對「身體」與「無意識」的重視，也啟迪了現代藝術，如象徵主義詩歌和現代主義繪畫等。叔本華雖然悲觀厭世，卻為這個世界帶來了繽紛美麗的色彩。

無論悲觀還是厭世，對叔本華來說，這其實源於他對宇宙真相的深刻領悟，並因此激發了他對解脫的追求。因此，厭世只是起點，如何度過人生才是終極的意義所在。閱讀叔本華的著作，如同見證一位西方哲人對人生的深入探問，以及他在慾望與匱乏之間的奮鬥，最終踏上求道之路的身心成長之旅。我認為，叔本華的哲學對於二〇二四年的「厭世代」仍具有豐富而深刻的啟迪意義。

目次

第二章 悲慘的人生與「意志的否定」——代表著作《作為意志和表象的世界》蘊含的求道哲學

第三章 人生究竟該怎麼活——從晚年的《附錄與補遺》看處世哲學

前言

充滿痛苦的人生

「是命運在切牌，為我們決定勝負。」叔本華認為，人生不會一直如我們所願，而是由無數千鈞一髮的成敗構成（《幸福論》第五章第四十八節）（編註1）。

我們還尚未明瞭生存的目的，就要不斷面對接踵而來的課題，摸索置身環境中最佳的解決方式，時而面臨失敗，費盡千辛萬苦過日子。當然，也無法正確預測未來，我們尚未具備這樣的智慧。只能依據有

編註1：台灣版為《人生智慧箴言》，新雨出版，李連江譯，二〇一八年。

如內在衝動的敏銳直覺，作出最好的選擇，說不定明天失敗的就是自己。

現代社會確實難以生存，現勢已是成功者與失敗者涇渭分明。命運為我們準備的牌，對許多人來說實在毫無勝算。既然如此，倒不如不要出生比較好——這樣說的年輕人也增加了。這種想法又稱為「反出生主義」，引發熱烈討論（在第四章將會詳述）。

單是就日本國內的狀況來看，就知道沒有解決之道的艱困生活已成為現實問題。少子高齡化成為不可擋的趨勢，受到氣候變遷的影響，未來的經濟發展並不樂觀。在不同地域、世代之間，差距越來越大。

許多人的薪資過低，導致放棄建立自己的家庭，人們對於政治也越來越不信任。除了極少數例外，想要憑努力改變出身幾乎是不可能的事。

放眼國際也是一樣，差距與對立在各種局勢造成嚴重的分裂，安全網無法充分發揮作用。跟不上潮流、沒能分配到既得利益、無法將「個人特色」巧妙地轉換成金錢的族群，將會被視為是社會的負擔，被指責說自己應該要負責的同時，卻又遭到剝削。

當然，人生的目標並不是只有追求經濟層面的富足。「活得像自己」與變得富裕、能夠滿足自己的慾望不能畫上等號。不過我們在這個社會上生存的原動力，往往來自於慾望。正因為有想要獲得的目標、希望得到周遭的人或世人認同，所以我們每天持續努力。為了繼續生存下去，慾望是不可或缺的活力來源。

正因為有慾望，所以無法實現時會造成挫折與痛苦。由於每個人都想讓自己的慾望優先獲得滿足，因此以慾望為原動力的社會幾乎無法避免落差與分裂，也造成貧窮與剝削。在這樣的社會中，自身的富足必然涉及他人的犧牲。我們每天都捲入這樣的生存競爭。

人生是苦澀的。聽到這樣的說法，一定會有人想反駁：「我今天不這麼想」、「我的人生很幸福」。但那其實只是主觀的感受。這樣的主張正確來說，應該是「現在這個時間點我不覺得痛苦」吧。就算當下沒有作出錯誤的選擇，安然度過，也可能在下一秒忽然失去重要的事物。其實大家都知道，這個世界毫無道理可言。努力不一定會有回報，對每個人來說，犯罪或災害、疾病，甚至是死亡近在咫尺。

本書的思考，是試著客觀理解人生的本質充滿痛苦這項事實。當然每個人都不願意去深究這個道理，但我們也不可能永遠持續逃避。因為一旦失去重要的事物，或是在即將面對的競爭中失敗，即使不願意，也必須正視客觀事實。因此，對於人生必須先客觀地——也就是哲學地——思考。

究竟生存是怎麼一回事，又究竟該如何度過充滿痛苦的人生？思索這類問題的先驅，正是十九世紀的德國哲學家叔本華（一七八八～一八六〇年）。其主要著作《作為意志和表象的世界》其中的思想，闡述生存嚴峻的本質，甚至澈底地「否定意志」。由於生存是痛苦的主張很有名，這樣的思想經常被評為是悲觀主義。此外像《讀書論》等收錄的犀利箴言，至今仍有人閱讀。

如何從生存的痛苦獲得解脫

時至今日，閱讀叔本華的意義之一是能夠客觀地思考，如果除去成敗的因素，人生究竟是什麼，為頭腦闢出哲學思考的空間。這對於處在境況日益艱辛的現代社會中，可說是種救贖，也是讀哲學書的重要原因之一。其實幾乎從所有的西洋哲學都能看出，確保這樣的思考空間有何意義。

不過叔本華哲學的思考空間，具有無與倫比的傑出特色。叔本華哲學扎根於西洋傳統，其中心思想是西洋思想史上首次引進古印度哲學與佛教思想的哲學，至今在世界上仍有讀者，不僅列入世界哲學，更是罕見的例子。它的真正面貌是「意志的否定」，叔本華經過思索，最後察覺從生存的痛苦獲得自由的「解脫」境界。這也是叔本華哲學無可比擬的特色，帶有不褪色的魅力。

本書是叔本華哲學的入門書，以讓讀者跟叔本華一起思考生命的本質為目標，擷取其哲學思想的精華。

「求道的哲學」與「處世的哲學」

我會想寫這樣的一本書，是因為以慾望為原動力的現代社會，以及推動社會的人們的心，恐怕已瀕臨極限。資本主義的結構是以無限發展為前提。也就是不斷追求利潤，持續開發新東西，以更富裕為目標「刺激消費」，否則資本主義社會將會崩解。

然而在這個社會上，有許多人從小到大所認識的人陸續從眼前消失，目睹周遭的人離開人世、死傷累累的現狀，對於持續受到慾望驅使而活、不斷競爭感到疲倦厭煩，不也覺得失望、瀕臨極限了嗎？正是在這樣的時代，我們必須憑藉叔本華的哲學，探索生命的本質。

本書闡述兩種思想，包括叔本華所揭示的生存的痛苦，以及應對之道。其中之一是在主要著作《作為意志和表象的世界》所提到，澈底地否定慾望。叔本華面對生存的痛苦，否定成為痛苦泉源的慾望，試圖超越自我。他所展現的，是透過嚴厲否定而達到的開悟境界——以「意志的否定」為終點的「求道的哲學」。

叔本華的言論不是只有嚴苛，可說是像糖與鞭子一樣，在叱吒激勵讀者的同時，也表示理解大家的感受；在陳述時將痛苦與幽默交織，給予大家提示，思索人生的方針。因此可說是有助於解決人生煩惱的思想，所以到現在仍繼續流傳。

由於叔本華哲學具有這樣的面向，本書特別標榜為「處世的哲學」。他晚年的著作《附錄與補遺》（編註2）與《作為意志和表象的世界》大異其趣。當然，由於這是主要著作的「補遺」，核心思想仍是「意志的否定」這點不變。但是其中包括主要著作沒有收錄的訊息。相較於原著勸人尋求真理，《附錄與補遺》為了讓讀者理解「意志的否定」的重要性，也為即使沒有真正融入慾望橫流的世界，仍須求生存的人們揭示處世的智慧。而叔本華提出的是為了平穩度日，要盡量將慾望「捨棄」，減少煩惱的思考方式。無可奈何的事就隨它去，「直接放棄」的處世哲學。

本書是比對叔本華思想的上述兩種面向，並聚焦於後者的人生論，成為獨樹一幟的著作。另外，本書的特徵是清楚提到叔本華的哲學涉

編註2：《附錄與補遺》台灣無譯本，簡中譯本書名為《附錄和補遺》。

及「心靈的照顧」。自古希臘時期以來，哲學在傳統上是「關照靈魂」的學問，叔本華也依循了這項傳統，他所提出的哲學，可能正符合現代人所需的「心靈的照顧」。

為呈現上述概念，本書由四章構成。第一章介紹叔本華的生平，他為什麼追求「意志的否定」，並回溯叔本華成為哲學家的時間點。第二章分析主要著作《作為意志和表象的世界》闡述的「求道的哲學」。相對於這部分，第三章就「處世的哲學」觀點，介紹《附錄與補遺》的思想。第四章則是叔本華哲學落實在現實層面。根據以上架構，本書將讀者導向艱難的哲學之道，直指可作為人生煩惱處方箋的叔本華哲學核心。

第一章

哲學家叔本華的誕生

──其生涯與歷程

1 提出「意志的否定」的哲學家

人生的目標究竟是什麼？我們每天一定會吃、喝、睡，周而復始直到生命結束。想跟家人好好相處，結交許多朋友，在學校認真學習，邂逅無可替代的戀人，找到喜歡的工作，維繫幸福的婚姻，擁有美好的居住空間，最好還能生下可愛的小孩——人類的慾望無止境。為了盡可能滿足慾望，我們日復一日地過日子。

然而，萬一出身貧寒，或是不慎作出錯誤的選擇，就會屈居人後。命運總是殘酷的，到處都是不了解自己的人，挫折隨時埋伏在下一個轉角。即使願望達成正感到高興時，無聊必定接踵而來，幸福的感受並不長久。被永不滿足的慾望耍得團團轉的人生，沒有目標存在。

生存無非就是痛苦。直視人類的「悲慘命運」並作為哲學主題，客觀地呈現事實，這就是哲學家叔本華。他希望人們以崎嶇的自由為目標，那樣的境界彷彿與受慾望驅使的人生遙遙相對。對於這樣思考的人而言，叔本華可說是位偉大的先驅。叔本華的哲學是「意志的否定」的哲學。也就是從我們至死方休持續不斷的「求生存的意志」獲得解脫的哲學。而叔本華為什麼會成為哲學家，追求這樣的自由？在第一章，我們將探索叔本華哲學誕生的祕密。

憂鬱的黑暗時期

叔本華究竟活在什麼樣的時代？十九世紀的德國正值革命的理想受挫，整體社會陷入低迷的氣氛，傳統的道德與社會體系的機能尚未健全，陷入看不見未來的黑暗中。

在更早之前是充滿夢想與希望的時代。一七八九年法國大革命與後來的拿破崙進軍，為歐洲帶來打倒舊體制與實現人民革命的憧憬。人民作為近代社會的一分子，認為即將實現前所未有的政治自由以及統一的秩序，心中滿溢著期待。每個人都是平等的，具有共通的理性，超越利害關係形成連結，基於崇高的理念，一定能重整現狀，讓社會趨於完善。

然而在拿破崙敗退後，歐洲又回歸君權政治，國際秩序趨於保守，在維也納會議之後反動體系成立，革命澈底失勢。後來人民的反抗在歐洲各地死灰復燃，再次掀起革命，對舊體制造成相當程度的破壞。在德國也發生「三月革命」。然而最後在十九世紀後半歐洲所呈現的，並不是自由、平等、統一這些理念所帶來的秩序，人民與國家都爭相逐利，局勢充滿黑暗的慾望，一片混沌。

或許在不知不覺間，人們已喪失剛開始的理念。在十九世紀初原本是農業國的德國由於工業革命的影響，受到工業化的激烈浪潮衝擊直至世紀後半。與土地分離的勞動者被迫屈居惡劣的環境。在政治上尚未準備安全網就實施自由主義經濟，使得窮困階級擴大，階級間的對立加深，比起理念，人們更注重實際利益。在十九世紀，資本主義的光與影同樣撼動社會，那是個無法踩煞車的狂飆時代。

比起忠於理念重新改造社會，很多人趨向於本位主義地追求利益，因而受到合理構築社會的慾望驅使。叔本華為了抵抗當下控制世界的慾望齒輪，提出「否定」的哲學，摸索從慾望解脫的生存之道。接下來筆者將說明那是出於什麼樣的契機（原註1）。

「阿圖爾」這個名字

所謂的名字，有時象徵著祈禱，有時也是種詛咒。叔本華一七八八年生於自由城市但澤（Danzig，現為波蘭的格但斯克），父母

原註1：在撰寫本章時曾參考以下文獻，各文獻的細節記載於相關書目。阿本德羅特（一九八三）、鎌田康男（二〇〇七）、桑斯（一九九四）、呂迪格．薩弗蘭斯基（一九九〇）、遠山義孝（一九八六）。以及David E. Cartwright（2017）,"Becoming the Author of World as Will and Representation: Schopenhauer's Life and Education 1788-1818", in: The Palgrave

Schopenhauer handbook, ed. Sandra Shapshay, Palgrave Macmillan.

為他取的名字是阿圖爾。歐洲同時通行多種語言，取這個名字的用意是拼字適用於各國語言。他的父親海因里希·弗洛里斯·叔本華是活躍於歐洲的貿易商，在但澤也是名列前茅的資產家。所以阿圖爾這個名字蘊含著來自父親的深厚期許，希望他將來能像自己一樣，成為活躍於國際間的商人。

叔本華家的家訓是「沒有自由就沒有幸福」（Point de bonheur sans liberté），一家人崇尚共和主義與啟蒙的理想，以及孕育革命夢想的法國與英國文化。當普魯士企圖併吞但澤，叔本華全家搬遷到自由城市漢堡。對於從事海上貿易的弗洛里斯而言，位居歐洲中央而且可以集貨的港口城市漢堡，無疑是個適合貿易的地方。叔本華在父親的教導下，確立對未來的理想，要憑自己的才智追求財富，不受傳統社會制度與權威束縛，達成自立。

少年叔本華內心的糾葛

少年時期的叔本華接受培養優秀商業人才的英才教育。熱愛自由的父親弗洛里斯應該是期望兒子成為有世界觀的近代公民。為了學習當時的國際語言法語，叔本華被送到父親的商業夥伴葛雷戈里（André Charles Grégoire）所在的法國利哈佛，很快就駕馭自如，並且熱烈迷上父親所尊敬的伏爾泰筆下的抒情詩。他也是在這個時期開始學吹笛，後來成為終生的嗜好。

後來叔本華回到漢堡，繼續追求深造，去讀海因里希．克里斯蒂安．龍格博士的私立學校。他在那裡學的是地理、算術、簿記與各國語言，不侷限於商業領域的知識。哲學與宗教、倫理、歷史也是在國際間往來應具備的素養。龍格博士教叔本華應盡的道德，要體貼他人的心情，寬宏大量，不說謊，致力於藉由事業提升人們的生活。後來叔本華的倫理思想主張慈愛，可說是這個時期受到的影響，但即使在漢堡的最高學府，仍不能滿足叔本華的求知慾。他對學問的熱衷在這個時期已可看出端倪。

叔本華在不知不覺間，決心將來不成為商人，想朝著學問之道邁進。或許是因為他不願意將青春獻給成為商人的磨練。那樣的養成訓練很嚴格，首先要經歷七年住進商社的「學徒」時光，再度過三年不支薪的「見習」階段。在同樣的時間內，可以讓學問精進到相當程度。叔本華拒絕過這樣的生活，很可能是因為龍格博士的教育，受到古希臘文與拉丁文、文學、詩學、哲學的魅力吸引。叔本華讀遍手邊各種書籍，除了父親欣賞的伏爾泰，也涉獵盧梭的著作。包括像熱愛自由、嚴格審視人類社會不平等的觀點，應該承襲他們的思想。這個時期的學習，為他後來諷刺而流利的文體奠定基礎，並造就日後的哲學家叔本華。

叔本華的父親弗洛里斯要求他作出選擇，究竟是進入文理中學準備接受大學教育，踏上學術之路，還是跟家人一起遊歷歐洲各國，然後在商界從學徒做起？成長過程中聽聞旅行魅力的叔本華，無法抗拒後者的條件。叔本華從十五歲起，有一年半的時間隨著家人輾轉前往荷蘭、英國、法國、瑞士、奧地利，觀察各地的社會狀況與歷史文物。後來叔本華依照約定，在漢堡的埃尼什商會開始見習。

影響叔本華哲學的早期經歷

叔本華為什麼會成為否定近代人民的生活方式、試圖從慾望獲得解脫的哲學家？那跟他在少年時代遊歷歐洲的長途旅行期間，目睹人類社會的悲慘現狀應該有關。

當時的歐洲絕非處於安定的狀態，尤其英國與法國之間互相牽制，持續瀰漫著劍拔弩張的氣氛。這時在旅途中，路旁民不聊生的境況讓叔本華印象深刻。而且在歐洲各地所見識的歷史文物，的確也為人們陷入鬥爭的歷史提供佐證。

在旅途中，叔本華一家在倫敦目睹公開絞刑，行經南法面臨地中海的城市土倫時，見識由槳帆船改造而成的監獄。這種悲慘的牢獄，在雨果的《悲慘世界》裡也曾出現，相當有名（原註2）。

在當地，已廢棄的槳帆船作為監獄暨兵器庫使用，上了鎖鍊的犯人們在惡劣的環境下被迫強制勞動。叔本華看到這種奴隸勞動雖然心生恐懼，但也冷靜地觀察他們，詳細記錄在日記裡。這種冷靜的態度，哪怕是看到奴隸的臉，恐怕也會覺得是人相學研究的理想素材，他沉

原註2：觀賞二〇一二年的電影《悲慘世界》（湯姆．霍伯導演，休．傑克曼主演），有助於聯想。

著異常，彷彿像注視著樣本的研究者。

即使服刑期滿，犯罪者仍無法受到社會接納，他們會再度犯罪，不得不再度回到牢獄中。叔本華觀察到的，是犯罪者所嘗到的無限痛苦，但叔本華身為富裕的資產家之子，並不是以憐憫的眼光觀察這些犯罪者。這名少年察覺到的，無疑是每個人都困在「人生的慘境」，也就是沒有出口的永遠的牢獄中，這是普遍的事實。關於「人生的慘境」，後來叔本華在一八三二年的手記（原註3）中這樣回顧：

> 十六歲的我並不是完全沒有受過紮實的學校教育，但是就像青年時代的佛陀目睹了病與老、痛苦與死，人生的悲慘擄獲了我的心。我的結論是，這個世界明白揭示的真理，壓倒了刻劃在我內心深處的猶

原註3：A.Schopenhauer, Der handschriftliche Nachlaß. 4-1, die Manuskriptbücher der Jahre 1830 bis 1852. Cholerabuch（1832）, 36〔89〕. Hrsg. A. Hübscher, Waldemer Kramer, Frankfurt am Main, 1974. S. 96. 翻譯時參考下列文獻：須藤訓任〈哲學家的搖籃——叔本華母子的旅行日記1803-1804〉、《哲學論叢》第三十七輯，京都大學哲學論叢刊行會，二〇一〇年。十四頁。

太教教義。我的結論是：這個世界根本不是最理想的作品，它其實更像是惡魔的創造物，惡魔為了觀賞苦惱取樂，於是讓被創造物在世界上出現。有許多事實都證明了這個道理，我也認為應該是這樣。

叔本華晚年將他自己與擁護者稱為「佛教徒」，並告訴朋友佛陀與柏拉圖、康德是三大哲學家。對叔本華而言，佛教的核心就是脫離「人生的慘境」，尋求「解脫」的教誨。

他所目睹的「人生的慘境」相當嚴峻，而處境悲慘的不僅是槳帆船監獄上的囚犯，而且無人試圖伸出援手，表現事不關己的冷漠。

這樣的人其實受到一己私慾的囚禁，可悲又悽慘。但是只要生存在這個世界，就無法擺脫慾望獲得自由。這個世界有可能是最糟糕的世界——從這本手記裡可以讀到所謂「悲觀主義」（Pessimism）的主張。

從以上細節，可以看出宣稱「活著就是痛苦」的哲學家叔本華，思想可溯及少年時期的歐洲旅行見聞。他見證人類社會的慘狀，直覺人生是永恆的牢籠，或許也因此追求從慾望獲得解脫。

2 生涯與歷程

接下來我想為叔本華的畢生著作畫出簡單的概略圖（原註4）。如果

原註4： 在本書中無法完整介紹叔本華詳細生平，請參考呂迪格．薩弗蘭斯基的著作（一九九〇，見本書P179）。

簡略地描述叔本華的一生，大致上可以分為三個時期：㈠嚮往哲學的「學習階段」、㈡構築哲學體系的「主要執筆期」、㈢提出道德思想的「法蘭克福時期」。

叔本華的修業時期

在本書中，叔本華的「修業時期」包括早年學商的時期、進大學一直到提出學位論文，以及成為哲學學者之後的研究時期（原註5）。

正如前述，在這個時期叔本華見識到「悲慘人生」，下定決心成為哲學家。不過那絕不是為了逃避現實，也不是封閉在孤獨的理想世界（原註6）。叔本華的哲學彷彿直視槳帆船監獄的囚犯，根源於普遍經

原註5： 鎌田康男（二〇〇七）。

原註6： 比起厭世主義者，叔本華更可說是現實主義者。齋藤智志〈叔本華是現實主義者嗎？〉《叔本華讀本》，法政大學出版局，二〇〇七年。

驗，屬於正視事實的現實主義。這或許是受到在商界生存，只能仰賴經驗的父親影響，也跟商業人才養成的訓練及自然科學教育有關。

叔本華一家結束歐洲遊歷那一年，發生變故，他的父親弗洛里斯驟逝。叔本華認為死因是自殺，受到很大的刺激。他的父親是位熱愛自由的現代公民，照理說應該過著理想的生活，究竟為什麼會自殺呢？叔本華從此失去了人生的榜樣。

這件事很可能讓少年叔本華陷入絕望。就算富裕、擁有理想的生活方式，人終究還是無法獲得幸福。而他與父親的約定「成為傑出的商人過著幸福的生活」，像詛咒般沉重地壓在心上，彷彿在指責他。

叔本華的母親約翰娜看到他陷入苦惱的樣子，要叔本華辭去商界的實習工作，去讀文理中學，並幫他請家庭教師，鼓勵支持他走向學術之路。雖然失去經濟支柱，他們全家依然生活無虞。這時叔本華繼承了父親遺產的三分之一。後來他投資數家公司，妥善運用資產，據說獲得了夠用一輩子的財富。

約翰娜支持兒子讀書，或許只是想讓喪父後陷入低潮的叔本華走出陰影。勇於追求自我的她，為了拓展自己的事業移居到威瑪，設立由藝術家與知識分子聚集的沙龍，一舉成名。作家歌德也曾出現在那裡，有機會跟他交流給叔本華帶來很大的影響。後來叔本華在沙龍又認識了東洋學者弗里德里希．邁耶爾，也因此啟發叔本華對印度哲學的興趣，並持續終生。

在二十一歲時，叔本華進入哥廷根大學，開始正式步上哲學家之路。在一七三七年由英國國王創建的這所大學，洋溢著追求最先進自然科學的前衛氣氛（原註7），原本叔本華在這所大學準備讀的並不是古典哲學，而是最先端的科學。

據說約翰娜希望兒子學習可以謀生的學問，所以建議他讀法學。然而叔本華長年對人相學與骨相學感興趣，因此選擇醫學部。這時已展現他的哲學立場：為了了解人類精神，必須先認識人體。

後來，叔本華的思考架構符合哲學標準，是在就讀哥廷根大學的第二年，從一八一〇年橫跨一八一一年的冬季學期，在哲學教授戈特利布·舒茲的「形而上學」與「心理學」課堂。以此為契機，叔本華

原註7：呂迪格·薩弗蘭斯基，同原註4。

正式展開哲學研究。舒茲建議叔本華研究古希臘時期柏拉圖與近代德國康德的哲學，並且在精通這兩者之前，先不要涉獵其他哲學家的學說（原註8）。這個建議對於後來叔本華的哲學架構，可說帶來決定性的影響。

柏拉圖的哲學，促使叔本華思考有別於自然世界的超自然事物（也就是所謂的「觀念」）。柏拉圖哲學可說是促使人對超越日常事物產生憧憬的思想。相對於此，康德哲學對於認知有所界限的人，聚焦於能夠理解的「現象」，保留向相反的「物自身」（Ding an sich）躍進的思想。

在第二章將會詳細介紹，這種思想稱為「現象與物自體的區別」，

原註8：Cartwright（2017），P. 20f.

後來成為西洋哲學最偉大的出發點的同時，也成為必須跨越的最大課題。叔本華承襲這個課題，開始構築自己的哲學。

叔本華為了更深入研究，不久在一八一一年轉校到柏林大學。因為那裡有當代最優秀的哲學家費希特。費希特被視為是康德哲學的接班人，主張為了超越「現象與物自體的區別」的「知識學」立場。然而，他的期待似乎很快就落空了。叔本華甚至揶揄費希特的「知識學」（Wissenschaftslehre）是空洞學（Wissenschaftleere）（原註9）。

儘管如此，叔本華仍繼續出席費希特的課堂，並且竭盡所能學習。據說在一八一二年夏天，叔本華專注於費希特各種各樣的著作研究。在這段柏林時期，叔本華藉由自學接觸多樣化的哲學思想，漸漸融會

原註9：費希特的「知識學」英文是Science of Knowledge，但叔本華慣用的說法則是Science of Nulledge。Cf., Cartwright, p. 23.

貫通。譬如與柏拉圖並列的古希臘大哲學家亞里斯多德、十七世紀荷蘭的泛神論思想家斯賓諾莎、以「知識就是力量」聞名的近代英國哲學家法蘭西斯・培根、以英國經驗談聞名的喬治・柏克萊與洛克、德國觀念論暨新康德主義哲學家弗里德里希・阿爾伯特・朗格，以及批判康德的雅各布等人的思想。這時叔本華也持續研究從哥廷根時期就感興趣的柏拉圖與康德、謝林幾位哲學家。

叔本華在這個時期摸索出「意志」這個重要概念，也就是在理論與實踐上都超越理性，意識超越感覺而且在時間之外。叔本華的這種想法已經突破了日常的「生之悲」，有更深層的意義。

後來叔本華畏懼拿破崙軍團的勢力，從柏林逃離到魯多爾施塔特

原註10： 受到這篇學位論文第一版提出的叔本華超越論哲學影響，日本的研究者認為應該重視主著的解釋，著手進行研究。相關成果參照如下：阿圖爾・叔本華《叔本華哲學之再構築——「關於充足根據律往四個方向分歧的根」（第一版）譯解・新裝版》鎌田康男等譯，法政大學出版局，二〇一〇年。另外也參照前述的《叔本華讀本》。既有的叔本華研究依照慣

小鎮，撰寫博士學位論文〈論充足理由律的四重根〉（原註10）。為避開戰火，這份論文是向耶拿大學提出，一八一三年十月獲得「極優秀」的榮譽，並授予博士學位（然而叔本華在儀式中缺席）。叔本華出版了這份論文並致贈給舒爾茨—索爾德．瓦爾特與歌德，不過等到他成為社會公認的哲學家，則是一段時間以後的事。

撰寫主要著作時期

學位論文提出後，叔本華再度回到威瑪，跟進出母親沙龍的歌德與邁耶爾往來，從一八一三年持續到翌年。

叔本華認為歌德能與康德並列，是位值得尊敬的學者。所以向歌

例會參考第二版（一八四七年），不過現在以參照第一版，叔本華本來沒有提出「物自體」的超越論哲學為主，這類研究已趨充實。

德借來光學實驗裝置，共同著手色彩論的研究並撰寫《論視覺與色彩》（原註11），對他來說意義重大。

不過叔本華與歌德從基本的見解就有所差異。相對於歌德採取「實體論的立場」，不還原色彩在主觀立場的作用，以康德哲學後繼者自居的叔本華，站在強調主觀作用的「觀念論的立場」。這樣的差異讓叔本華意識到，相較於歌德，自己的哲學更接近康德，而且深刻體會到從事研究的必要。不過對叔本華而言，與歌德之間的友誼是「生命中最喜悅，值得慶幸之事」（原註12）。

此外，當叔本華思考「天才」時，總是會想到歌德。歌德也認同叔本華罕見的才智，雖然他繼續與這位不隨俗的哲學家往來，但是兩

原註11：一八一六年，叔本華得知歌德歷時二十年建構《色彩論》，未徵詢歌德同意就出版了《關於視覺與色彩》。此外，叔本華對色彩論的關心持續終生。一八三〇年在學術期刊發表拉丁文版《關於視覺與色彩》（Theoria colorum Physiologica, eademque primaria）。另外在一八五一年的《附錄與補遺》第二卷，收錄了紀念歌德誕生一百週年為法蘭

人卻漸漸走向不同的道路。

認識邁耶爾讓叔本華認識古代印度哲學的魅力，對於他日後的思想也帶來決定性的影響。叔本華在威瑪的公立圖書館查詢東洋宗教，借了《亞洲誌》（Asiatisches Magazin）與《奧義書》（原註13）、波利爾夫人所寫的《印度教神話》（原註14）等書。在《奧義書》中，譯者杜佩隆（Abraham-Hyacinthe Anquetil-Duperron）將古印度哲學與康德哲學結合並加以解說。波利爾夫人似乎也有類似的觀點（原註15）。後來叔本華持續進行東洋宗教的研究，並採納為構築自身哲學體系最重要的元素之一。

叔本華在一八一四年離開威瑪的社交圈，獨自移居到德勒斯登。

克福・歌德專題所寫的文章，以及〈關於色彩論〉的論考。

原註12：也參考《書簡集》（Gesammelte Briefe, Hrsg. Von Arthur Hübscher, Bouvier, 1987, S. 654）。

原註13：以梵語書寫的婆羅門教聖典暨古印度哲學《奧義書》的一部分，十七世紀時依蒙兀兒帝國的皇子達拉・希科指示譯為波斯文，稱為《五十奧義書》（Oupnek'hat）。

在這次搬家時他跟母親吵架，兩人從此再也不曾見面。從這段軼事多少可以窺見叔本華性情乖僻、不擅長與人往來、容易激動的特質。他厭惡為了社交而去討好他人，比起與人牽扯而使心緒紊亂，他寧可孤獨地生存。在德勒斯登，叔本華完成了自己的哲學體系。

在這個時期，叔本華將柏拉圖與康德、古印度哲學融合。他再度借來《奧義書》，並從「亞洲研究」（Asiatick Researches）系列引進「輪迴轉世」、「涅槃」、「業」等概念，以及佛陀領悟的佛法等。

對叔本華而言，柏拉圖與康德、古印度哲學都提倡從充滿迷妄與痛苦的日常世界獲得解脫。根據超越日常的「意志」，就能從覆蓋自身的慾望解放自我。這除了擺脫迷惑我們的幻覺（摩耶），別無他法。

叔本華所讀的是由法國東洋學者亞伯拉罕・亞森特・安克蒂爾—杜佩隆（Abraham-Hyacinthe Anquetil-Duperron）譯成拉丁文的版本。

原註14： Marie-Elisabeth de Polier（1809），Mythologie des Indous, Roudolstadt et Paris.

原註15： Urs App（2006），"Schopenhauer's Inital Encounter with Indian Thought,"in: Schopenhauer-

像這種解脫思想的成立，不僅是上述三要素與德國觀念論的批評受到接納，從居約（Jean-Marie Guyau）的自傳，以及約翰內斯・陶勒、雅各・波墨等神祕主義著作可看出影響。

經歷大約四年的時光，一八一九年初，叔本華的代表著作《作為意志和表象的世界》終於正式出版，這也意味著他的哲學體系至此完成。

法蘭克福時期

叔本華完成代表著作後，前往義大利旅行，在羅馬度過冬季後回到德勒斯登，跟歌舞女郎卡洛琳・里希特傳出戀情。雖然他獲得柏林

Jahrbuch 87, S. 35-76. S.57.

大學講師的資格，卻刻意將課堂安排在與當代最負盛名的哲學家黑格爾同時段（叔本華很討厭他），結果幾乎沒有學生來聽課。

此外，或許是因為自創的哲學體系剛完成，一八二〇年代對於這位年輕哲學家來說，是一生中作品最少的時期。雖然他也計畫將休謨的宗教論翻譯成德文、康德的《純粹理性批判》英譯，但是最後都沒有出版。

一八三一年，出於對霍亂的恐懼，叔本華避開柏林，移居法蘭克福。當時黑格爾在柏林也染病驟逝，由此可見當時霍亂大流行的嚴重性。叔本華也曾一度移居至曼海姆，不過在一八三三年，他還是搬到法蘭克福，似乎決定在那裡度過餘生。法蘭克福跟他少年時期度過的漢堡一樣，是座自由城市。對於愛好自由厭惡極權的叔本華來說，應是個適合居住的場所。當地是歐洲政治與經濟的中心地之一，叔本華處於先進的氛圍與接觸新資訊之餘，陸續發表著作。

一八三六年〈論自然界中的意志〉發表。這篇論文以自然科學的成果為證據，目的是印證他意志的哲學。

此外，為參加挪威皇家科學院主辦的論文徵選，叔本華還完成了〈論意志的自由〉（一八三八年），榮獲金獎。接下來他撰寫〈論道德的基礎〉（一八三九年），參加丹麥皇家學會主辦的論文徵選。儘管參選的論文只有一篇，或許因為他的語氣像是恣意批評眾多哲學研究者，因此沒有獲選。叔本華將這兩篇論文整合起來，在一八四一年以《倫理學的兩個基本問題》為書名出版。

一八四四年，叔本華出版主要著作《作為意志和表象的世界》的「第二版」與「續篇」第一版。此後直到叔本華過世前，在一八五九年整理出第三版。

叔本華最後的著作是發行於一八五一年的《附錄與補遺》（原註16）。這部著作裡收錄的論稿從各種哲學作品到人生論，範圍相當廣泛。尤其後者經常依主題整理成文庫本出版，成為相當受歡迎的叢書。在日本，《幸福論》、《讀書論》、《自殺論》也有許多讀者。

想要勾勒叔本華哲學的全貌，他晚年的著作可說是不可或缺。其中心思想是在代表作揭示的「意志的否定」，但並不是每個人都能達

原註16：更正確地說，後來雖然發行《關於自然中的意志》改訂增補版，但《附錄與補遺》應是叔本華最後一本正式著作。

到這樣的境界。察覺到「意志的否定」的重要性，也因為如果無法達到這樣的程度，接下來的人生將會很痛苦，所以叔本華哲學需要「補遺」。他以略帶嘲諷及幽默的口吻教導處世之道，告訴我們人生也有自由的瞬間，以及脫離慾望齒輪以外的生存方式。由於英國的報紙介紹，漸漸地叔本華的名聲擴展到德國以外，成為歐洲擁有最多讀者的哲學家之一。後來，他在一八六〇年去世。歿後一百六十年，全世界叔本華的讀者仍在持續增加中。

第二章

悲慘的人生與「意志和否定」

——代表著作《作爲意志和表象的世界》蘊含的求道哲學

1 世界是我們的表象

在第一章我們回顧了叔本華哲學的誕生，以及後來的演進。在這一章，我們將解讀代表作《作為意志和表象的世界》的核心，檢視叔本華哲學最主要的架構「求道的哲學」。此外，「求道」在本書中象徵的佛教色彩比較少，更意味著澈底面對「生命的悲慘」，追求真理的過程。

求道的哲學

叔本華在代表作《作為意志和表象的世界》提出的哲學主張是「意

志的否定」。它的核心不是「肯定」而是「否定」，因為他確信在「虛假之物」充斥的世界裡，仍然有值得找出的「真實」。為了尋找「真實」，他透過強烈的自我批判與孤獨的自省，走過險峻的求道之路。於是叔本華超越充斥著「虛假」的世界，抵達富有哲理的真實。

閱讀叔本華的代表著作，無非也是學習求道的方法。讀者為了一步步跟隨叔本華的足跡，必須理解他所提到的難解概念與哲學的問題意識。所謂哲學的思考，就是客觀地詢問什麼是「真實」，從過去覺得理所當然、認定是正確的思考方式解脫。有許多事我們認為是理所當然而且正確的，但其實是沒有根據的主張，在本書稱為「臆見」。

察覺自己過去認為理所當然的事，其實只不過是「臆見」而深感訝異——於是哲學的辯證展開。驚訝之後很重要。哲學家將自己原先的「臆見」重新語言化，把不明瞭的部分轉化為明確的問題，轉為更真實的主張，亦即從「臆見」解脫，這就是哲學。

世界的凝視

真正的哲學，始於凝視世界時的訝異。叔本華曾表示，一個人想成為哲學家，並不是透過讀書或學習。直視現實世界並感到驚訝：「怎麼會這樣！這究竟是怎麼一回事！」思索著怎樣脫離這種混亂時，人會成為哲學家（主著正編第一卷第七節）（原註17）。

而叔本華成為哲學家的契機之一，正如第一章所述，是在哥廷根

原註17：本書引用叔本華主要著作時，參考下列日文版：《叔本華全集》，白水社，一九七二～七五年。《作為意志和表象的世界》，中公古典叢書，二〇〇四年。主著正編為中公古典叢書譯本，主著續編為白水社全集譯本。

大學時接觸到康德的哲學。尤其康德「現象與物自體的區別」的想法，給叔本華帶來相當大的衝擊。正面接納這個問題並試著克服，可說是他哲學最大的課題之一。

這裡所謂的「現象」（Erscheinung），來自我們所感知的經驗。或許完全相反、不在經驗之內的事物則稱為「物自體」。根據康德的說法，我們親身體驗過的知識有限，也不可能知道「物自體」。因此正如傳統的形而上學者們所討論的：對於神與不滅的靈魂，或是關於宇宙整體秩序的探究，必然會失敗，因為那是不可能實際體驗的。

根據叔本華的理論，康德對「現象與物自體」有所區別，因此，他主張構成「現象」時，基礎而不可或缺的條件是主觀的。像這樣的

「區別」也成為叔本華哲學的主要精神。

其代表作《作為意志和表象的世界》總共由四部構成，在第一部的開頭這樣寫：

「世界是我們的表象」——這是與只要活著、具有認知能力的各種生命相關，並且適用的一種真理。但是對於這種真理，恐怕只有人類能夠反省地、抽象地意識到它是真理。在真正意識到這個道理時，人類開始萌生哲學的思想。這時對人類來說，顯而易見並確實的是：我們既不懂太陽也不懂大地。人類所知的只有望著太陽的眼睛、感覺大地的手，涵蓋人類的世界只不過是表象，也就是說世界只存在於世界與其他事物的關係，人類本身也只是表象，關係僅是如此而已（主著正編第一卷第一節）。

根據叔本華的觀點，我們並不曉得這個世界真正的樣貌，只不過置身在稱為「表象」（Vorstellung）的世界裡。在這裡叔本華將康德所說的「現象」置換為「表象」。同樣都是因人類主觀產生的事物，並沒有太大差異。然而「表象」也包括想像中的意象或幻想等實際上看不見的東西，可說是比「現象」更廣泛的概念。

所謂「世界是我們的表象」，究竟試圖要我們思考什麼呢？我們不妨停下來稍微想一想。我們平常認為世界是無條件地以物質的形態存在，而我們同樣也以生物的形式存在。這裡所謂的無條件是指不憑藉人的主觀。譬如即使沒有人類，世界還是跟現在一樣實質存在，這是理所當然的事。

不過，真的是這樣嗎？賦予各種事物特徵的，難道不是出於我們的主觀嗎？如果除去我們的主觀，我們所見的世界難道不就消失了嗎？

關於世界本身的實質存在，我們無法斷定。這種思想稱為「觀念論」，始於康德，經過費希特、謝林，最後由黑格爾完成，而叔本華也置身於這個系譜。我們對於物質對象所經驗的物體狀態與存在，仰賴著主觀印象。而且叔本華採用「表象」而不是「現象」，因為世界在「我」，也就是主觀之前（vorstellen），或許是為了強調「我的表象」吧。

不過人的主觀意識並不是每個人各自不同，而是共通的具備一定形式。亦即每個人都是憑藉知覺與概念，去認識個別的東西。相對於依賴五感各自不同的知覺訊息，判斷那是什麼，使認知成立。因此所謂的主觀，可以想成接收訊息以一定的解析度播放影像的顯示器。

根據上述條件，我們所理解的事物完全只是根據自身的認知，並不是毫無條件地接觸。我們所見的是相對於主觀的客觀，在「我的」螢幕上放映出的內容，叔本華稱之為「表象」。

什麼是表象

接下來我們要試著探討這一節的標題「世界是我們的表象」。

我們平常傾向於認為「所謂的世界是無條件地實際存在，置身其中的自己也同樣存在」，但如果根據叔本華的主張，這只不過是一種臆見。所謂「世界」，只是出於人的主觀所見的世界，除了「表象」以外什麼都不是。

原本我們並不明白「世界」究竟是什麼。人類所知道的，無非只是「涉及主觀的世界」。也可說是透過「我」認識主觀的世界。相對於此，想理解「無條件實際存在的世界」整體，唯有透過神的觀點才有可能實現。所以在人類眼中的世界，無論在哪裡都無法脫離一定的制約，因為那只是不完全的東西。以這層意義來說，我們稱為「世界」的東西只不過是「表象」。

的確，在我們眼前的書桌與電腦，不只是腦海中的印象，應該真實存在。然而根據叔本華的觀點，這些都只是「表象」。原因是這些個別的東西並非無條件的存在，無論哪裡都是帶有主觀色彩的客觀，因為已決定主觀條件，所以絕對無法脫離。因此「世界上的所有東西，都只是相對於主觀的存在。世界是表象」。（主著正編第一卷第一節）

時間・空間・因果性

如果試著彙整叔本華主張的要點，「作為表象的世界」有雙重性。其中每件東西，包括主觀地觀察或客觀地受到觀察這兩種不可分的雙重性構成。如果沒有主觀，客觀將無法成立，反之亦然。這是「表象」

的基本性格。

藉由指出「表象的世界」的兩種契機，叔本華揭示了另一項重要的原則。那就是主觀不會轉為客觀。如果換一種說法，是主觀讓「表象的世界」成立，正因為它絕對不帶有客觀的性質，所以是主觀。

根據叔本華的說法，主觀為個別事物賦予客觀的性質，具有普遍的形式。這叫做「充足理由律」（Satz vom Grunde）。

究竟什麼是「充足理由律」呢？首先，依主觀出現的每樣事物，一定與其他東西存在著必然的關係，也不可能從中脫離。這種關係是主觀所賦予的，叔本華主張這麼一來，各種客觀必定具備時間、空間、因果性這三種形式。

時間、空間、因果性本來不存在於世界上。仔細想想，所謂「幾點幾分」，或是「二十一世紀」，甚至像「距離這裡五公里遠」，只不過是人類為了劃分時間與空間，或是用來標示位置的權宜之計，世上不可能有絕對的座標存在。甚至進一步來說，我們所知的時間與空間，脫離了人類的認知主觀之後是否還存在，也無法確認。同樣地所謂因果性，也是人在自己可能的觀測範圍內，將特定的結果與原因連結在一起的推論。時間、空間、因果性可說是我們為了體驗這個世界，從主觀理解客觀時不得不依賴的條件。

時間、空間與因果性，就像為了指出某一點而需要其他點，是種相對的座標。甚至存在於「表象世界」的個別事物，一定跟其他某樣東西在時間、空間、因果性有所關聯。也就是「充足理由律」表示「如果沒有存在的理由，則不存在」，是相當單純的規則（學術論文第一章序論第五節）。這項規則也適用於「表象世界」存在的各種事物。因此在「表象世界」出現的各種事，一定有必須發生的理由，我們可以持續探討「為什麼」會發生，不輕易放棄——因此我們見證著這個世界。

2 意志和表象的世界

我究竟是什麼

叔本華的代表作《作為意志和表象的世界》（正編），由全四卷與關於康德哲學的附錄構成。這四卷各有不同的主題。第一卷是關於認識主觀，第二卷是關於自然，第三卷是關於藝術，第四卷論及藝術與宗教。不過，根據叔本華的說法，這些都可以歸納成「一個思想」。

叔本華在本作第一卷，可說是通篇詳細論述「表象的世界」，並以此為主題。然而在第二卷，世界有兩面，由主觀形成的「表象的世界」是其中之一，而另一面是「意志的世界」。發現這種「意志」可說是叔本華哲學的獨特性，使他有別於其他觀念論者。

不過，這種「表象的世界」與「意志的世界」並非兩個不同的世界，而是同一個世界的不同兩面。因此正如這部著作的標題所示，叔本華所勾勒的是「作為意志和表象的世界」。也就是無論置身何處，都有觀察的主觀與被看的客觀造成分裂，世界無非只是「虛假的贗品」。

然而這裡所述的主觀只屬於「我」，不含客觀的性質。這是因為主觀總是處於「觀看」的狀態，不可能成為「被觀看的對象」。因此認識主觀不可能以「作為觀看目標」的「表象」存在。那麼，在「表象世界」並沒有根的「我」，與推動著「我」的意志，究竟又是什麼呢？從這個問題可從「表象的世界」的通風口向外望，成為向外觀察的關鍵問題。

我既是身體也是意志

「我」究竟是什麼？根據主著正編第二卷第十八節，「我」是雙重的。首先「我」可以想成是一個身體。這是從主觀所見的客觀的身體。目前近在眼前，能夠看得到的自己的手與手腕，確為可見的身體，在科學上可以作為對象，跟書桌、電腦等其他表象一樣，只不過是表象之一，並且符合時間、空間、因果性的規則，絕不會脫離。

而且「我」並不只將自己視為表象，會了解得更直接。「我」作為個體，會從自己身體的活動看出「我」自身。像這樣直接地、內部的自身的存在，叔本華稱為「意志」（Wille）（主著正編第二卷第十八節）。

此外，這裡必須注意的是「意志」與身體之間並沒有因果性。我們傾向於認為，受到「意志」的驅使所以身體會動，叔本華則明確地否認了這種想法。追究原因與結果，那只不過是主觀看到某個表象與另一個表象之間的關係。不過叔本華認為「意志」本身不會成為表象。

但是意志會一直伴隨著活動的身體，應該將意志與活動的軀體視為一體。活動的身體跟只是客觀看見的身體不同，會隨著意志的作用形成連動。基於上述原因，「我」就是「意志」，以及與意志連動的活動的身體。

叔本華稱這樣的現象為「身體整體客觀化的意志，無非是成為表象的意志」（主著正編第二卷第十八節）。換句話說，活動的身體是「意志」的表象。作為意志的「我」，在「表象的世界」裡並不是無處可棲的無根之草，活動的身體會將自身表象化，處在世界之內。而沒有成為表象的「我」究竟是什麼，「意志」又教導了什麼，那就是所謂活動的身體這種表象。

生存的意志

「我」具備知性、情感與意志。根據西洋古典哲學，人類主觀應具備這三種能力。而且不只如此，許多思想家注重知性，認為會引導意志。這時，意志會分辨道德的善惡，為了構思更理想的社會有選擇的自由，承擔行為的責任，期許由知性的光引導「自由意志」。

然而根據叔本華的想法，「我」為了探究，必須由活動的身體引導。唯有如此才能與「我」成為一體的表象。如果直視著身體，這時出現的意志並不是由知性引導的「自由意志」，而是「繼續生存的意志」，而且知性也會跟著依循。而叔本華洞察到在意識的另一側，支配著「我」的「繼續生存的意志」。這也是哲學史上不可動搖、對尼采、佛洛伊德等後世思想家影響深遠的叔本華哲學莫大的成果。

對於叔本華而言，人類存在最重要的要素不是知性，而是「意志」。知性只是次要的。我們雖然可以察覺自己內在有意識的知覺與思考，也就是知性的部分，但是真正支援運作的卻是「意志」，這是叔本華的看法。也就是說，知性不得不受到「意志」的影響提供建議。如果我們持續注意身體，就會發現背後推動著的不只是明顯表現在意識的食慾與睡眠慾、性慾這類慾望，也包括幾乎無法有意圖管理的無意識的欲求。而且正是這樣的欲求，從一開始就控制我們的思考與如何決定等智力活動。

另外根據叔本華的學說，藉由思考身體表象客體化的各種欲求的本質，「我」想展開所有行動的根源，其實是沒有目的地的「生存的意志」。

譬如以食慾為例。食慾沒有目的性。當然，受到食慾的驅使品嚐美味的食物，可以讓人快樂，感到一時的滿足。然而這種滿足感很快就會消失，轉變為倦怠與無聊，過了幾小時以後又開始飢餓。沒有人可以脫離這種循環，為了生存必須一直作為食慾的奴隸。

欲求本身沒有目的，我們一生為了求生存不斷受到驅使，絕不可能抵達安心棲息之地。基於上述理由，叔本華將意志定為「沒有目的之意志」或「試圖生存的意志」。我們眼中所見的世界，其實只不過是意志要我們看到的「表象的世界」，整體是沒有實體的「迷妄」，以這層意義來說是「虛假的」。叔本華經常將「迷妄」跟古印度哲學對照，轉換成梵語，以「摩耶」（Maya）表現，也就是使人迷惑的幻覺。

另外，叔本華曾多次將「沒有目的之意志」形容為「盲目的」，將「盲目」與「無目的」畫上等號的說法，可說是貶低視覺障礙者的表現方式。在本書發行之後，希望能改用更妥適的用詞。

意志所象徵的世界

正如目前為止我們所見，在「表象的世界」內，唯一具有特權的表象就是「我」的身體。只有「我」活動的身體既是「意志」也是表象。因此像是「只有我的意志實際存在」或是「世界依照我的意志運作」的想法，可說是貿然的想法。

叔本華將身體的雙重性視為「解開自然界各現象的本質的關鍵」（主著正編第二卷第十九節）。亦即其他的表象成為身體的類比，既是表象也應該視為「意志」。

當然身體以外的表象，不能只當作表象。我們只有在身體活動時，可以實際感受到與「意志」的連動。然而其他各種各樣的表象，不是也與「意志」連動嗎？不只是假設他人與動物等，與自己相似的表象之內在本質，像是促進植物生長的力量、形成結晶的力量，對物質形成作用的磁力或引力，在本質上難道不是同一種力量嗎？彷彿各種存在的基礎般，根源的力量，是否能稱之為「意志」？——叔本華這樣思考，在各種表象的內部，察覺隱藏在身體裡的「意志」，彷彿一切都屬於同一種「意志」，試著導出「作為意志的世界」（主著正編第二卷第二一節或第二三節）。

意志與表象究竟有什麼關係

不過正如前述，「作為表象的世界」與「作為意志的世界」並非兩個截然不同的世界，而是同一個世界的兩種面向。那麼為何意志是單一的，而表象卻是多樣化的？從重力般單純的力量，到無機物結晶的能力、植物生長的作用、動物在打架，一直到人類複雜的精神活動，

「作為表象的世界」有相當多樣化的面貌。

關於這個問題，首先對於認識主觀出現多樣化的表象，不妨試著想成因為「意志的客觀化」有各種各樣的階段（主著正編第二卷第二七節）。所謂「意志的客觀化」，在意志從根本是「觀看者」的同時，也成為「被觀看者」，彷彿像照鏡子般，與「作為意志的世界」形成連動，於是「作為表象的世界」成立；當「意志」處於微弱的階段，像無機物與植物的世界般，低層次且單純的「作為表象的世界」成立；當「意志」有更強烈的階段時，像動物或人類構成的世界，高層次且複雜的「作為表象的世界」成立。這時高層次也包含低層次的事物成立。根據叔本華的說法，豐富且多樣化的「作為表象的世界」

將成為明瞭的「意志之鏡」。

明明「意志」是唯一的，對於人類來說「作為表象的世界」卻是豐富多樣化的，那是因為人類擁有的強烈「意志」，彷彿眾多事物中的其中之一，作為「被觀賞的對象」，理解除了自身以外的所有事物。叔本華將如此這般「作為表象的世界」成立的原理稱為「個體化的原理」。

然而，意志為什麼會讓「作為表象的世界」成為那樣的世界——作為遮蔽隱藏困惑「意志」本身「摩耶的迷惘」——意志本身也不知道已成為現象。意志既沒有目標也沒有根據，我們甚至不明白為什麼會存在，意志就持續存在，而且是毫無目的的意志（主著正編第二卷

第二九節）。

3 如何從慾望解脫

意志的否定

既然這樣，我們只能受到「沒有目的的意志」驅使嗎？我們只不過是意志的奴隸嗎？究竟要如何從支配自己的「意志」解脫？

在日常生活中，我們依據國家政策、個人的政治行動，在歷史的過程中漸漸實現自由。然而從中實現的，可說是為了「持續求生存的意志」、無邊際的慾望而構築系統吧。畢竟所謂的自由，並不是為了創新政治與歷史而獲得，毋寧說是為了超越系統，也就是從「生存的意志」解脫才得以實現。

這就是叔本華哲學的基本學說「意志的否定」。在他的代表作《作為意志和表象的世界》的第一卷與第二卷，從「世界是我們的表象」這個命題出發，闡述支配「表象世界」的是「生存的意志」。正因為如此，我們的人生只是在追逐「虛假之物」，為了「無目的之意志」，變得缺乏希望。對此，叔本華在代表作第三卷與第四卷，提出其他思想家不曾提過的「意志的否定」這種獨特的自由。這跟古代印度佛教所提出的「解脫」相同，又稱為「涅槃」。叔本華在主要著作第三卷透過藝術，在第四卷藉由「共苦」與宗教提及「意志的否定」。但是藝術與「共苦」所實現的「意志的否定」仍是不完全的。認識與完成真正的「意志的否定」，與宗教的求道之路相通，這正是他主要著作的重點。

藝術究竟是什麼

根據叔本華的觀點，在「表象的世界」作為個體擁有身體的「我」，不分晝夜受到「生存的意志」控制。「我」會感到飢餓、想睡、產生性慾，以自我為中心將世界合理化。「我」必須這樣才得以生存。因此幾乎不可能讓「表象的世界」成立的構想（類似世界的設計圖）違逆「意志」進行認知，或是否定「意志」（主著正編第三卷

第三三節）。

不過叔本華認為，還是有可能理解構想的契機，那就是透過藝術。譬如沉醉在貝多芬的交響曲時，「我」就從對意志的屈從獲得解放，達到「無意志的純粹主觀」。也就是說，鎮靜「意志」的是藝術，那是天才的成就。「藝術唯一的起源就是對構想的理解。而藝術唯一的目標，無非是傳達這種理解」（主著正編第三卷第三六節）。

亦即對叔本華而言，藝術是天才透過純粹的觀照，把握有如「表象世界」設計圖的概念，再現於作品之中。這裡所謂純粹的觀照，是從認識主觀的意志支配逃離，成為「反映世界本質的明鏡」。於是藝術將反映世界真正的樣貌。

所謂優秀的藝術作品，是天才將自己所觀照的構想傳達給他人的結果。鑑賞者透過作品理解概念，遠比直接認識概念容易。理解天才藝術家，是因為能區別各種紛擾的現象與概念，讓作品中的概念變得更容易認識。

另外，這裡所謂的天才是指能夠啟發純粹觀照能力的人。也就是不屈從於意志，放棄自身對利益的關心，具備純粹的認識主觀能力者。不過一般人也稍微具備這樣的能力，因此平凡的人也會被藝術作品或大自然等美麗的事物所打動。

藝術與概念的各階段

根據叔本華的學說，藝術分為各種各樣的階段。包括建築與水利，風景畫、動物造型、歷史畫、宗教畫、文藝、悲劇等。不同階段藝術的多種領域，描繪出存在於這個世界上多樣事物的本質，也就是與意志客體化各階段概念對應的事物。

叔本華認為最崇高且獨一無二的真正藝術是音樂（主著正編第三卷第五二節），因為音樂是「意志本身的摹寫」。叔本華喜愛的音樂家包括像莫札特、羅西尼（歌劇）、貝多芬（交響曲）等。他說音樂能夠表現世界內在的本質，以及世界本身。從低音運用到高音，展現出意志客體化在各階段多樣化的概念。譬如低音象徵無機物的世界，高音能代表植物與動物界，而旋律可以表現人類的生命、受意志操控而無窮盡的慾望與煩惱。

當藝術描繪出意志本身的形態時，會鎮靜鑑賞者的意志，這時我們會獲得純粹的認識主觀，藝術也成為反映世界真實樣貌的鏡子。這時我們就能從意志與衍生的慾望獲得自由。雖然那只是剎那的而且並不完全，我們在沒有意義的人生中，有一瞬間從意志獲得解脫卻是事實，這對於終日受到意志擺布的我們而言，既是希望也是安慰。

藉由共苦否定意志

「意志的否定」發生的瞬間，並不限於藝術欣賞或宗教禁慾等不屬於日常的時刻。我們在日常生活中，也會有否定「生存意志」的瞬間，那就是對於他人的痛苦感到「共苦」時。

譬如當我們看到有人在海洋或河川溺水，會想提供協助甚至不惜投身水中，這樣的人其實不在少數。每年夏季，我們幾乎都會聽到這樣的新聞訊息。那是為了解除他人的痛苦，不自覺地採取行動。叔本華認為像這樣與他者「共同分擔痛苦」的感情，才是真正道德的情感，具備這種動機的人，才是真正有品格的人。

叔本華在主要著作第四卷對於「內心的善良」進行考察，探究「關於道德的理論」（主著正編第四卷第六六節）。而且正如他後來在《倫理學的兩個基本問題》明確提及，真正的道德是「正義」與「仁愛」

（「關於道德的基礎」第一六節）。叔本華將此歸納為一個命題「不傷害任何人，且盡你所能幫助每個人」（Neminem laede; imo omnes, quantum potes, juva）。並稱之為「倫理學首要的基本命題」。

「同情」又譯為「共苦」（Mitleid），原本它的字根就是「共同mit」與「痛苦leiden」。我們基本上不太可能感受到他人的痛苦，但是我們明確知道有人在受苦，彷彿是自己的遭遇，為除去造成痛苦的原因而出手相救，的確有這樣善心的人存在。

「共苦」並不是想做就能辦到，也無法覺得應該而勉強自己。「共苦」的瞬間會來臨。

叔本華認為能與他人共苦的人雖然罕見，但確實存在。世上有樂於助人者，也會有自私自利、心懷惡意喜歡看他人受罪的人。而與生俱來的性格是不變的。無論經歷什麼樣的人際關係、受教育或增長知識，都無法改善心性。這點雖然重要，但是我們不可能知道自己與他者真正的性格。某種程度可以根據經驗得知，卻無法掌握全貌。

而且在自我觀照、與他人有所關聯時，一定會有像是黑盒子的部分，我們只能持續期待自己與對方心地善良。在雙方相處時，也不得不抱持著這樣的指望。就這層意義來說，每個人都有可能具備這樣的善心。

不過正如前述，依照叔本華的想法，我們每個人都被「生存的意志」支配。受到自私的慾望玩弄，遇到挫折時會感到痛苦，即使順利獲得想要的東西，立刻又會感到無聊，再去追求別的目標，人生就是這麼無意義又毫無目的。為確保某人利益的舉動，只會帶來新的痛苦，絕不會有人帶來有正面意義的幸福。

所以即使是真正具備道德的人，也只能「緩和他人的痛苦」（主著正編第四卷第六七節）。這種德行的根源，來自於「理解他人的苦惱」，「將他人的苦惱與自己的苦惱一視同仁」，這樣的情感也就是「共苦」。

為什麼會發生這樣的情形？我們平常只會從自己的身體感受到意志，當意志受到阻礙時就覺得痛苦。我們的認識主觀會將自己與他人、各種事物的表象區分，加以理解。於是我們認為只有自己受到意志牽連，將之視為痛苦的泉源。然而「意志」絕非我們所獨有，也不是每一種表象都有個別的意志。叔本華認為，只要能打破各種表象與個別事物有所區別的狀態，「意志」是唯一的。

我們每個人其實都受到「求生存的意志」支配，有各自的煩惱。在「共苦」的瞬間，自己與他者之間相隔的「個體化原理」崩解，可以意識到每個人的「意志」都是相同的。「我」總是為了自救，受到「意志」的驅使，在真正理解「意志是唯一的」時，自己與他者的區別消弭，就會明白各個生命同樣都陷於無限的痛苦中，渴望獲得救贖。

叔本華所謂「意志是唯一」的真理，跟《奧義書》裡「偉大的真言」相似。亦即「tat tvam asi」——「你是誰」（主著正編第四卷第六三節）。你跟其他受苦的人是一樣的，你是無數生靈之一。

當意識到他者的痛苦跟自己的痛苦完全一樣時，只希望自己獲救的動機消失。不過在這時，真正有道德的人不僅會打消只求自保的念頭，甚至還付諸行動犧牲自己，解救他者脫離痛苦。這樣的人選擇拯救他者，肯定他者的生命。因此「共苦」是利他的，並不完全「否定意志」。

宗教禁慾的本質出於否定意志

接下來將提到叔本華主要著作的重點，關於求道的目的，宗教禁慾方面的「否定意志」。

一般來說，禁慾是為了達成某種精神性的目標，譬如人格的陶冶、救濟、解脫等而節制快樂。這樣的舉動可見於世界上的宗教傳統或文化習俗。譬如印度教社會禁止婚前交往，耆那教藉由禁食達到澈底不殺生，也禁止性行為。佛教隨著不同派別，禁慾的程度大不相同，不過修行中都禁止肉食。除此之外，像基督教的天主教神父不能結婚等，都是其中的例子。

叔本華認為，各宗教關於禁慾有著共通的本質。他主張即使教義各有不同，無論是基督教或印度教的聖者行為的出發點，幾乎都出於對「否定意志」真正的理解。也就是不論信仰什麼樣的宗教，想要真正達到救贖與解脫，必須懂得「否定意志」。

因此重要的不是類似像自殺這樣的暴力行為達成的「否定意志」，而是對「否定意志」澈底理解，藉由認識關於「意志」的哲學，達到理想的境界。而且為了保持這種境界，禁慾與苦行也有其必要。

「意志的否定」可說是叔本華哲學最終達成的終極「理解」。這種「理解」是基於自己與他人因為活著而同樣受苦。除去他我區別的認識主觀框架，純粹屬於「意志」的現象。也就是「意志」藉由將自身「客觀化」，除去「摩耶的面紗」，放棄讓個體生存的動機，讓「意志」純粹達到自我認識。這樣他者也是與自己共苦的「意志」。於是「你是誰」的真正認識成立。這種認識否定了想嘗試行動的一切意欲，在試圖從根本鎮靜「生存的意志」時，首次真正完成。這就是完全的

「意志的否定」的境界。

叔本華認為，聖者可直接洞察「意志」的本質，達到完全「意志的否定」的境界，這樣的覺察引導著他們的舉止。他們可能停留在「否定意志」的狀態，「自發性且有意圖地尋求貧困」、「無窮盡地抑制意志」、「漸漸地打壓扼殺意志」承受禁慾（主著正編第四卷第六八節）。

叔本華舉出這類「否定意志」禁慾與苦修的舉動，讚頌古印度教。包括像從「輪迴」超脫的思想，他相當推崇「否定」的生活方式。像這種否定的契機在基督教聖人的舉止中也可看出來，如義大利亞西西的聖方濟各。這種舉動不只表現在所謂的「仁愛」，其完成形是澈底的自我放棄，亦即表現「放棄」（又稱為「捨離」、「涅槃」）。

但是我們無法隨意實現「放棄」。那就像基督教所謂的「恩寵」般降臨，我們不知它會如何抵達，彷彿「無」一般的境界。叔本華認為，藉由禁慾與苦行持續否定，試圖停留在「無」的努力，正是宗教的本質。

肯定永無止境持續湧現的慾望，為獲得更多滿足而持續努力——我們的日常，多屬於像這樣的「肯定意志」。為了追尋真理，找到脫離意志獲得自由的希望，叔本華認為必須超脫彷彿沒有出口的日常，也就是「摩耶的面紗」。根據上述條件，叔本華的主要著作《作為意志和表象的世界》可說是從意志的支配探究自由的可能性的哲學書。

將我們為什麼要求生存的疑問賦予哲學性的主題化，迫近人生本質的這本書，對於受慾望驅使，只能在有限選擇中苟延殘喘、深感疲憊的現代人，這將是最佳的指南，幫助人哲學性地思考人生究竟是什麼。

第三章

人生究竟該怎麼活

——從晚年的《附錄與補遺》看處世哲學

1 叔本華哲學的另一種面向

求道的哲學／處世的哲學

叔本華在其主要著作《作為意志和表象的世界》所揭示的是「求道的哲學」。亦即以生存的痛苦為主題，將否定元凶「意志」作為基本學說。年輕時的叔本華，對充滿痛苦的這個世界及醜態加以否定，試圖斬斷毫無目標的意志的支配並且脫逃，因此又稱為「青春的哲學」（出自《叔本華隨感錄》〈解說〉，秋山英夫譯）。

然而，在叔本華的著作中，贏得最多讀者的卻不是他的主要著作。

那是在他六十三歲時，一八五一年出版的《附錄與補遺》。其中收錄的〈人生智慧箴言〉（*Aphorismen zur Lebensweisheit*）（編註3）大受歡迎。令人訝異的是，內容是幸福論。也就是已屆熟年期，了解人生辛酸與甜蜜的叔本華，向年輕人傳授生存的智慧，這也是本關於生存方式的指南。像這類人生訓的書籍，在西方自古希臘的海希奧德或亞里斯多德的《尼各馬可倫理學》以來，到二十世紀阿多諾《最低限度的道德》，有豐富的人文傳統。在英國由於刊出關於叔本華思想的介紹，《附錄與補遺》有許多人閱讀，於是叔本華成為歐洲最具影響力的作家之一。

在第三章將提及《附錄與補遺》的內容，將焦點放在叔本華哲學

編註3：台灣版如前言編註1所述。

關於人生論的部分。

叔本華的幸福論，明顯背棄了期待幸福的讀者。他警告大家：想要變得幸福根本無用，最好放棄。這本書跟一般的指南或自我啟發書籍不同，不會引導大家自我欺瞞，也不會用好聽的話滿足讀者的需求，或是提供宣洩慾望的出口，寵壞讀者。事實上他是藉由諷刺與輕快的口吻對讀者潑冷水，不可思議地將人導入「放棄」，成為獨樹一幟的生存指南，叔本華是藉由「揭曉」我們在日常生活中稱為幸福的究竟是什麼，將大家導向「放棄」。換句話說，本書所揭示的是看透人生的思想。亦即叔本華哲學關於人生論的另一面。

附錄與補遺

德文原題是「*Parerga und Paralipomena*」，收錄沒有列入《作為意志和表象的世界》與其他著作的論文，可說是匯集補充的部分。這本書完全是主要著作的附屬品，從標題就強調哲學的核心不曾改變。不過就像改變光源與角度，就會綻放出不同光彩的寶石，這部著作展現出叔本華哲學意想不到的魅力。

《附錄與補遺》的第一卷，包含六篇論文：（原註18）

①〈觀念論與實在論簡史〉

②〈哲學史散論〉

③〈論大學的哲學〉

原註18：在日本收錄於白水社全集。另外，各篇的標題經過適當變更。

④〈論個人命運中如意圖般超越的思維〉

⑤〈論靈與相關研究〉

⑥〈人生智慧箴言〉（日文版譯為《幸福論》）

其中第六篇被視為是《附錄與補遺》最重要的部分，在德國至今仍由雷克拉姆出版社列入「萬有文庫」。在日本則以《幸福論》為書名（原註19），可以找到文庫版。而其他文庫版叢書像《讀書論》或《自殺論》，則是從《附錄與補遺》第二卷摘錄。

正如主要著作所揭示，叔本華哲學的基本學說是「意志的否定」。那是對這個世界的一切嚴加否定、尋求解脫的「求道的哲學」。這對大多數人來說恐怕難以實現，可說是為少數人提出的嚴峻思想。《附

原註19：《幸福論》，鈴木芳子譯，光文社古典新譯文庫，二〇一八年。本書在引用時，參照譯文並適度加以修潤。

錄與補遺》也以「意志的否定」為基本，這一點並沒有改變。

不過，兩者之間有明確的差異。可以想成《附錄與補遺》預設的讀者雖然明白「意志的否定」的重要性，卻仍必須在這個世界上求生存，它可說是為這樣的人而寫的實踐之書。叔本華本身或許曾經怨嘆，卻沒有身體力行禁慾與苦行。從他晚年的生活，可看出他胸懷哲學的真理，朝氣蓬勃地過日子。

牽著貴賓犬散步的哲學家

叔本華是在定居法蘭克福時，撰寫《附錄與補遺》。

在這段時期，叔本華似乎過著平穩的生活，每天都很愉悅。早上起來做完家事後，上午的時間用來讀書、以直笛吹奏羅西尼的曲子，下午一定會去位於市中心的高級餐廳「英國之家」，還有「賭場協會」的圖書室，然後牽著貴賓犬展開午後的散步。他藉由長期閱讀雜誌了解世界情勢，據說他鮮少踏入由瓦斯燈照亮的夜間街道，在家靜靜地閱讀《奧義書》等文獻。

他從就讀哥廷根大學的時期，就開始飼養貴賓犬。叔本華在法蘭克福時飼養白色貴賓犬，到了晚年據說他跟褐色貴賓犬作伴。相較於所有其他養過的貴賓犬都叫「阿特曼」，他為這隻貴賓犬取暱名「布茨」（Butz，意為小孩）。阿特曼（Atman）是印度哲學的主要概念之一，意指所有個別靈魂的源頭「真我」。叔本華為每隻貴賓犬都取同樣的名字，或許是因為他愛生命本身超越個體的差異（原註20）。

叔本華穿著帶有古風的長外套，帶著貴賓犬享受午後散步的樂趣，他的身影在法蘭克福市民之間，似乎小有名氣。此時的樣貌跟他年輕時的形象——嚴峻且否定人生的哲學家，直視「悲慘人生」的悲觀主義者，大異其趣。或許正因為法蘭克福時期的叔本華正視「生命的悲慘」，所以後來過著幸福的生活，可以光明正大地讚頌人生。究竟對於晚年的叔本華，生命與幸福究竟是什麼？接下來我們將從各種角度介紹叔本華的人生論。

原註20：David E. Cartwright（2005）, Historical dictionary of Schopenhauer's Philosophy, Scarecrow Press, p.136.

2 叔本華的箴言

獨立思考

《附錄與補遺》中收錄許多箴言，濃縮叔本華人生論的精華。所謂箴言，也就是透過簡短的片斷語句所提出的警句或建言。首先我們就從第二卷〈獨立思考〉開始。

最後只有自己從根本思考的內容真實且富有生命。因為只有這些才是可以真正完全正確理解的。從書本上閱讀的他人思想，只不過是他人吃剩的殘渣、脫下的舊衣服。

如果我們自己內在孕育的思想是春日綻放的花朵，相形之下，從書上讀到的他人思想就像是刻在石頭上的遠古時代花朵遺跡。（摘自〈獨立思考〉《附錄與補遺》第二卷第二二章第二五九節）（原註21）

獨立思考（Selbstdenken）是思考時最重要的部分。我們太習於當「讀者」，總想立刻在最短距離學習他人的思想。然而在能以自己的語言表現的那一瞬間來臨之前，就像靜待春季的花綻放，最好花時間耐心等待。哲學的思考可說是「欲速則不達」，除非真的親身思索，否則不可能真正明白什麼。換個角度來看，若說叔本華的哲學思想讓我們感到慶幸反而令人存疑。正因為不解，證明叔本華所敘述的言論確實傳達給我們。不要讀太多書，自己思考比較好——毫不避諱地直

原註21：參照以下內容：《讀書論及其他二篇》，齋藤忍隨譯，岩波文庫，一九八三年。Vgl. Zürcher Ausgabe Bd. X, S.538f.

言這類想法，這也是叔本華文章的魅力。

根據〈心理學的備忘錄〉

以下段落引用〈心理學的備忘錄〉：

並非刻意卻推測正確的是，表示個人的詞「person」通用於歐洲各種語言。而「persona」原本象徵著演員的面具，因為每個人都不是在展現真正的自我，更像是戴著面具扮演某個角色。整體來說，社會生活不停在上演喜劇。思慮不清的人樂在其中，有見識的人卻在社會生活裡變得愚蠢（摘自〈心理學的備忘錄〉《附錄與補遺》第二卷第二六章第三一五節）(原註22)。

原註22： 參照以下內容：《叔本華隨感錄》，秋山英夫譯，白水社，一九七八年。Vgl., Zürcher Ausgabe Bd. X, S.638f.

偉大而傑出的人，能夠泰然自若地承認自己的缺點或弱點，不設法隱瞞。他們因為這樣的態度而抵銷弱點，或是說有這樣的弱點雖然可恥，但他們卻把弱點轉化為榮譽。尤其事實上缺點將偉大跟他們連結在一起。也就是缺點變成不可或缺的條件，（中略）正如喬治・桑所述：「每個人都有與自己品德相映的缺點。」（摘自〈心理學的備忘錄〉《附錄與補遺》第二卷第二六章第三四二節）（原註23）。

擅長提出箴言的叔本華，以簡短尖銳的話讓我們深陷的煩惱煙消雲散，教我們如何輕鬆過日子。

譬如第一段的引用，特別是為有人際關係困擾的人所寫。根據叔

原註23：同上。Vgl., Zürcher Ausgabe Bd. X, S.655.

本華的說法，人與人往來本來就是戴著面具，所以根本沒必要為這種事認真煩惱。

或是像第二段的引用，重點是在意自己的弱點或缺點，只想試圖隱藏的人。像這樣的人本來就不夠積極認識自己，以為沒有缺點就是自己的長處。然而有缺點這件事，或許反而證明當事人具備美德。異常膽小的人可能對危機有敏銳的覺察力，容易受傷、敏感纖細的人，可能比一般人更善解人意。叔本華還說，就算還沒察覺出自己有這類長處，與其隱瞞，不如坦承比較好。能夠承認缺點的人，等於向周遭的人表示，這種程度的缺點無損於真實的自己。

3 幸福究竟是什麼

《幸福論》的篇章

這是《附錄與補遺》整本書的重點，以另一種角度將叔本華人生論濃縮其中，我們不妨先了解這是本什麼樣的書。

首先，這篇論文是從「序言」開始，由「第一章基本條件」、「第二章關於『一個人是誰』」、「第三章關於『一個人擁有什麼』」、「第四章『這個人具有什麼樣的印象、表象或形象』」、「第五章訓話與箴言」、「第六章隨著年齡的差異」這六章構成。

在第一章提出獲得幸福所需的「三種財富」，從第二章到第四章談論細節。第五章由不同主題超過五十則的短文構成，可以逐次少量閱讀。在第六章，藉由敘述幼年期、青年期以及老年期應如何度過，為全書作結尾。

另外必須注意的是，本書內容包含男尊女卑與種族歧視的觀點。當然，為了真正理解經典，在閱讀時本該相信作者所言全部正確，但若有偏差、暴力的言論則必須排除。如果全盤接受，讀者自己也會遭受戕害，或是因為推廣內容而傷害到其他人。因此必須聲明在前，閱讀叔本華《幸福論》時，必須具備批判意識，審慎看待。

對幸福的臆想

那麼，接下來我們來看《幸福論》的內容。譬如「人生要盡可能過得愜意幸福」。這是《幸福論》開頭叔本華揭示的生活方針（日文版第九頁）。這裡所謂的「盡可能」，遠比想像中重要。我們必須認清「盡可能」的範圍在哪裡。這可以解釋為不是謀求更大的幸福，而是「盡可能」減少痛苦。這就是不沉浸在失望中的祕訣。

換句話說，「明辨事理的人，不是追求快樂，而是避免痛苦。」這是叔本華在《幸福論》第五章開頭，引用亞里斯多德《尼各馬可倫理學》所提及的「人生智慧最高原則」。

所謂幸福究竟是什麼？我們渴望獲得幸福，理所當然地湧現「我想——」、「我希望變得——」種種慾望，認為只要感到快樂就會幸福。如果持續滿足慾望，一直過著愉快的生活，很容易認為這就是人生終極的目標。然而，人生難免伴隨著挫折與失望。而且個人的慾望很容易與他者的慾望相衝突，立刻遭遇挫敗。即使排除萬難居於上風、滿足慾望得到快樂，很快又會覺得無聊，受到別的慾望侵襲。慾望沒有終點。

究竟「慾望的滿足＝快樂＝幸福」是正確的嗎？若是經過哲學思考，這不是應該排除的臆想嗎？由於深信這種想法，我們反而深受其害。

叔本華的幸福論，並沒有教我們「怎樣才能滿足慾望」。反而更像是試圖瓦解「如何滿足更多的慾望，變得更幸福」的既定成見。比起「想要變得更幸福」，更著重於「盡可能減輕痛苦」。這就是為了避免對人生失望、平穩度日，叔本華所傳授的「人生的智慧」。

三種財富

接下來我們繼續認識《幸福論》的詳細內容。在「第一章基本條件」中，正如前述，提出作為幸福基礎的「三種財富」。亦即是否擁有這些條件，決定人生是否幸福。

第一是「這個人是誰」。也就是人格或個性、人性等內在的特質，是首要的財富。其中也包含了健康、美、氣質、品德、知性，以及磨練這一切的過程。

第二是「這個人擁有什麼」。這是指金錢與土地等財產，在自身以外擁有的東西。

第三是「這個人具有什麼樣的印象、表象或形象」。具體來說像是來自他人的評價，名譽或地位、名聲。

我們通常追求的是第二或第三種財富，確實這些是「我想──」「我希望」的慾望對象，無論獲得再多，都絕不會滿足。這種以為達到目標就會幸福的想法，其實是應該拋棄的想像。

當然，像第二、第三種財富並不是完全沒有價值。為了生存，這些條件自然有其必要，我們的社會生活也是以這些價值為中心建立起來的。如果《作為意志和表象的世界》的「求道的哲學」主張將這些全部捨棄，《幸福論》的重點則是比起第二、第三種財富，第一種更有價值，將優先順序「明確列出」。

結果，能夠抑制「我想——」「我希望」的慾望、保持節制與內心的平穩，具備這些特質的人能過著幸福的生活，難道不是這樣嗎？也就是根據叔本華的觀點，一個人究竟過著幸福或不幸的人生，受內在的特質（也就是第一種財富）影響最大。

確實在人生的旅途中，從一開始希望擁有什麼、遇到什麼樣的事，希望別人怎麼看待，以及自己的感受，都受到個人內在的特質影響。

譬如高貴的品格、清晰的頭腦、樂觀的性情、本性善良、身心健康等，具備各項上述特質，並且能夠繼續維持增進的人，可說已具備幸福人生的基礎。其中最簡單明瞭的是身心健康。如果缺乏這項條件，即使擁有再多的財產，也難以發揮效用、感到快樂，因為當事人離幸福仍有段距離。

我們傾向於認為「只要我們獲得什麼、受到認同、成為什麼，就能獲得幸福」。然而即使達成願望，得到想要的東西或受到認可，陰鬱的人絕不會感到高興，性格憂鬱的人也無法擺脫不安。品格高貴的人，即使不具備世人豔羨的龐大財產或崇高地位，也能夠滿足於自己的狀態，不覺得有失體面。

叔本華認為，開朗或陰鬱的特質、愉快或沉悶的心情，是受到個人內在深處不變的特質影響。

所謂內在的特質，是指內心「包容與自癒」達到平衡的能力。我們的內心以各種方式接受外界的刺激，並且具備恢復常態的力量，稱為「心的反應能力」。這種能力的強弱因人而異，性格開朗的人凡事都能輕易接受，立刻朝下一個步驟前進，感覺雲淡風輕。相形之下，憂鬱氣質的人不分大小事，都有可能表現過度的感受性，對細節深究並陷入不安，無法踏出下一步。

內在的財富

如同上述，一個人所具備的內在特質，可說是影響幸與不幸最重要的因素。叔本華稱為內在的財富。我們的注意力很容易被財富或他人的評價等外在事物所吸引。然而擁有內在財富的人，就如同「完全不必仰賴輸入，就能自給自足的國家」一般最幸福，不需要外界給予的條件，自己就能獲得滿足。也就是：

對每個人來說，最重要的無疑是自己，而對自身最重要的事，無非是成就自己。對自己重要的事越多，內在喜樂的泉源也隨之更豐富多元，光是這樣就很幸福。

當然，恐怕沒有人能對財產多寡、他者評價等外來的財富毫不在乎吧。我們每天掛念這些，感到煩憂。然而叔本華揭示以下的道理：

人生在世，最好是以自己求生存為優先——不論是什麼樣的人，最優先也最重要的事，就是「自己究竟是誰」。如果自稱沒什麼特殊價值，那恐怕就真的不值一提了。

比起外界給予的資源，自身內在所具備的才是幸福的泉源。比起財產或他者的評價，自己對自己給予評價，培養自身內在的本質，讓它大放異彩，其中孤獨的歷程，與幸福息息相關。如果自認為完全不具備「內在的財富」，是個微不足道的人，其他人也不值得為這麼無足輕重的人擔憂。

比起要從外界獲得什麼、別人究竟怎麼想，不如將目光朝向自己內在蘊含的「財富」，這才是最重要的。即使現在還只是種子，也要持續澆水直到有一天開花結果，得到幸福的收成。這是叔本華所教導的，邁向幸福的第一步。

生存與老化

正如前文所述，叔本華認為幸福並不是滿足更多慾望，而是盡可能加以節制，獲得內心的平穩。因此，比起受接踵而來的慾望刺激的「外在的財富」，毋寧更應該關注自己本來就具備的「內在的財富」。

每個人在青年時期，都因為對幸福的嚮往而受到驅使，想隨著慾望行動。所以年輕人受到慾望的牽扯而迷惘，想得到印象中美好的事物，卻也隨波逐流，忘卻本來的自己。因此叔本華說：「青年適合讀詩，老年人適合讀哲學」。

年長者根據目前為止的經驗，深知在人生的後半，比起幻影般的幸福，不幸更實際存在於生活。只要活得夠久，原本在周遭的人會漸漸從視線消失，最後自己也遭遇死亡。這時只要客觀地思考生命，就會明白人生的本質是痛苦。於是察覺到了老年，與其為了追求更多幸福而身陷悲苦，不如盡量避開不幸，平穩度日才是真正的幸福。

靈魂的照顧

叔本華《幸福論》裡的觀點，可說也具備對「靈魂的照顧」的效用。自古希臘羅馬以來的哲學思想傳統，哲學的思考方式與教誨，也被視為是某種「照顧」的思潮。當然，所謂的哲學是種「對智慧的愛」，目的在於探究真理，純粹屬於理論。不過哲學思考能夠消除造成心痛原因的臆測與成見，想追求健康而且取得平衡、理性的人生，作為精神照顧的一環，應該更廣泛加以認識。

譬如像蘇格拉底認為，比起金錢或他人的評價、名譽，更重要的是將「靈魂」擺在最優先的位置。或是像古希臘的哲學家伊比鳩魯為了克服對死亡的恐懼，提出唯物論的構想作為治療方法。也就是說，如果世上只有物質存在，對於死後的世界或是自己的靈魂將何去何從，就不必再感到憂慮。

以這個傳統來看，哲學思考可說是藉由客觀釐清事物的本質，抑制非理性的慾望，消除擾亂心靈的臆想。如果叔本華在這項傳統占有一席之地，他所揭示的通往幸福之道，並不是滿足想要獲得什麼的慾望。其實更像是基於「意志的否定」，藉由客觀的議論把導致痛苦的臆想化解，讓慾望鎮靜化。叔本華的哲學受到「意志的否定」的真理照亮，「放棄」過度的追求，讓更重要的某種幸福的種子「更明確」，教導我們讓心靈平靜的求生之術。

根據這些內容來看，《幸福論》展現叔本華晚年的思想，可說是以「處世的哲學」作為特徵。他年輕時的「求道的哲學」，是逃離世俗，向外尋求「意志的否定」虛無的境界，不顧一切放棄自己。相對於此，他晚年的「處世的哲學」，是以「意志的否定」的領悟看待各種事物，已經不受慾望擺布，可以昂首闊步於世，可說是相當老練的處世之道。

第四章

叔本華哲學在現實生活的運用

現代日本社會難以生存，也看不出要如何尋求生路。正因為置身在這樣的狀態，應該要讀持續探索生命本質的叔本華哲學。

本書在第一章，介紹叔本華為什麼會成為以「生之悲慘」為主題的哲學家，回溯他的生涯與經歷。他揭穿「生之悲慘」的根源來自「試圖生存的意志」，並以完全達到「意志的否定」為目標，關於這部分在第二章曾提及。接下來在第三章，敘述叔本華根據「意志的否定」，提出睿智的生存方式，尤其適合作為處世的哲學是一大特徵。

在第四章將思考藉由上述的叔本華哲學，對於我們在現代日本社會生存的痛苦、煩惱的問題，可以提供什麼樣的答覆。

以下將探討三大主題：㈠自明治時期以降，日本人所思索的「人生問題」。㈡關於現代的反出生主義，也就是「不要出生在這世界上比較好」的想法。㈢束縛我們思考方式與行動的歷史淵源。

另外要說明的是，除了這三項主題以外，叔本華的哲學還有各種各樣運用的可能。譬如近年來頗受爭議的動物倫理。人類單方面地將動物視為食物或玩物，像這種利用的關係是否不公正？這是以動物倫理為出發點提出的疑問。近來人類與動物之間的關係，開始重新受到檢視。

正如第二章所述，叔本華認為「意志是唯一的」。在《作為意志和表象的世界》中引用古印度蘊含智慧的真言表現。「你是誰」（tat tvam asi）——無論人類或動物，只要是生物都會感到痛苦。因此不是只有人才受苦。承受痛苦的動物基本上應該與人獲得相同的對待，這才是公正的想法。基於這種洞察，叔本華提出的倫理學對象不限於動物，也要愛其他所有生命，緩解對方的痛苦。所以叔本華的主張可解釋為否定以人為中心，出於「共苦」的思考與拯救動物的動機，以此為基礎的存在論及倫理學。

1 明治時期叔本華哲學傳入日本

其實過去日本人在生存環境更嚴峻的年代，也閱讀叔本華。首先我們來了解明治時期叔本華在日本的接受度。

在日本是從明治十幾年中期開始注意德國思想，並積極引進日本。民間在接觸英、法先進思想後揭起自由民權活動，日本政府為了抑制這股勢力，獎勵較為保守的德國學術研究。於是像康德或費希特、謝林、黑格爾的觀念論開始受到接納，成為日本國內的哲學研究主要對象。

其中主要的引介者包括在東京帝國大學任教的井上哲次郎、來自德國的學者拉斐爾．馮．庫伯。若說是由他們的門生，為日本的哲學研究奠定基礎也不為過，井上與庫伯的影響力難以衡量。

這些在明治時期對於推廣德國哲學有重要貢獻的族群，多半給予帶有前衛色彩並且注重自由風氣的叔本華哲學高度評價，擔任他的傳道者。接下來我們將回溯他們的足跡，了解叔本華與日本人最早的關聯（原註24）。

井上哲次郎、拉斐爾・馮・庫伯、高山樗牛

井上哲次郎（一八五五～一九四四年）曾赴德研讀哲學，一八九〇年歸國，在帝國大學成為日本最早的哲學教授。在留學時期與哲學家愛德華・馮・哈特曼（Karl Robert Eduard von Hartmann，一八四二～一九〇六年）及尼采的友人保羅・雅各布・杜森（Paul Jakob Deussen，一八四五～一九一九年）這位印度學者暨後來的叔本華協會創設人成為好友。哈特曼除了深受叔本華影響，也是位構築黑格爾哲學的人物，

原註24：在撰寫本章時參考以下文獻，各文獻的相關細節列於相關書目。井上克人（二〇〇七）、茅野良男（一九七五）（二〇〇九）、兵頭高夫（一九九〇）、藤田正勝（二〇一八）。

他也為井上本身的哲學帶來相當大的影響，連帶擴及曾向井上學習的日本學者。

井上回國後，教授東方與西洋哲學史，尤其擅長講述康德與叔本華。他所教導的是叔本華受佛教吸引而提出的解釋。也就是叔本華哲學從最早剛引進日本時就受到期許，希望能擔任銜接東西方哲學的角色。

拉斐爾・馮・庫伯（一八四八～一九二三年）是路德維希・布斯（Carl Heinrich August Ludwig Busse，一八六二～一九〇七年）的後繼者，一八九三年到日本帝國大學任教，傳授哲學與希臘文、拉丁文，他的學位論文以叔本華為題，並著有《叔本華的救濟論》及《阿圖爾・

叔本華的哲學》。據說庫伯會來到日本，是因為井上哲次郎曾向哈特曼諮詢，他是被推薦的人選，而且井上曾寫信邀請他務必前來「櫻花盛開的日本」。

庫伯的門下培育出眾多著名的日本哲學學者，譬如他課堂上主要的聽眾包括西田幾多郎、桑木嚴翼、姉崎正治、波多野精一、阿部次郎、田邊元、安倍能成、九鬼周造、和辻哲郎等人。庫伯身為著名的教養主義者，受到哈特曼「救濟」論的吸引，也是位帶有神秘主義色彩解釋叔本華哲學的傳道者。

另外，日本人剛開始接觸德國哲學時，以日文書寫的哲學書大概只有三宅雪嶺（一八六〇～一九四五年）所寫的《哲學涓滴》與《我觀小景》，在這兩本書中，都對叔本華哲學給予高度評價。

還有一位叔本華哲學的介紹者不可遺漏，那就是明治時期的思想家高山樗牛（一八七一～一九〇二年）。他後來將尼采思想定義為個人主義加以介紹，探討該如何求生存的問題，獲得廣大讀者群。早在一八九二年，《文學會雜誌》就曾介紹叔本華的意志說，定義為厭世論。而更正式地談論叔本華哲學則是刊在《帝國文學》的〈人生的價值與厭世主義〉，這時叔本華終於以談論如何求生存的思想家身分，廣為人知。

「人生問題」與叔本華

在明治時期，尤其是明治二〇年代到三〇年代，叔本華的思想作為厭世論受到接納，那是因為當時有許多青年菁英分子在為「人生問題」苦惱。他們無法脫離傳統文化與積習的束縛，想知道西方現代人如何確立自我，內心深感糾結。為了身為個人該如何求生存而煩惱，飽受痛苦。

當時也可說是將焦點聚集在個人的時代，小說這種過去不存於日本的文類登場，以這樣的文化為中心，彷彿以二葉亭四迷的《浮雲》為代表，為如何生存煩惱、感到煩悶的個人成為主要題材。隨著小說成為人們容易取得的娛樂，社會開始重視每位獨一無二的個人，「人生問題」也顯得相當現實。

「人生問題」在明治時期還看不出明確的解決之道。的確，與國家整體急速發展、氣氛激昂的明治時期相比，對於許多民眾而言，大正時期可說是較為安定的時代。然而在這樣的時代背景下，關於如何求生存也轉為更複雜化、難以解決的課題。

譬如阿部次郎的隨筆評論集《三太郎的日記》（一九一四年），將焦點聚集在青年內心的糾葛，根據西洋哲學的邏輯探討內在思想，曾是許多舊制高校生與大學生必讀的書籍。這也就是所謂的大正教養主義。取笛卡兒、康德、叔本華的首字，合稱為「笛康叔」，甚至運用在兵庫篠山地方的盆舞歌曲，因而傳頌為「笛康叔節」。我們無法得知當時的學生究竟認真到什麼程度，但是在那樣的時代，讀西洋哲學書增進涵養、確立人格的風潮確實存在。

說起大正時代的暢銷書，應該是芥川龍之介的《羅生門》吧。這部作品原先在大正四年（一九一五年）發表於《帝國文學》雜誌。其中著墨於究竟該拒絕行惡導致餓死，還是為了存活去偷竊，兩者必須擇一，這是毫無轉圜餘地的現實。彷彿與叔本華哲學呼應，可說表現出「生之悲慘」。

就像這樣，叔本華自明治以降成為代表西方的哲學家之一，作為考察「人究竟該如何生存」的先驅，在日本境內有許多讀者。

那麼自明治時期以來，日本人所疑惑的「該如何生存」的問題，叔本華又是如何回答的呢？這個答案就是「意志的否定」。唯有經歷哲學的求道之路，才能真正理解其中的道理。

若非全面實現意志的否定，否則根本不可能獲得救贖、從生與苦惱中解脫。在真正否定意志之前，人無非是意志本身（主著正編第四卷第六八節）。

對於生存在極度混亂的現代社會的人而言，究竟該如何求生存的問題日益緊迫，我們每一個人承擔的責任比其他任何時代更沉重。我們的生活方式、作出什麼樣的選擇，透過網路瞬間在世界上擴散開來，與未來世代的生存環境直接形成關聯。然而，在由於全球化而使得視野更遼闊的今日，叔本華的哲學連接東西方，甚至蘊含超越狹窄架構的可能性，值得再度重讀他學說的時代或許已經來臨。現在正應該效法前人，正視生的本質並開始探索哲學，難道不是這樣嗎？

2 叔本華與反出生主義

大衛・貝納塔的反出生主義

就實在性來說，叔本華的哲學還可以運用在哪些方面呢？譬如他主張「活著就是痛苦」，對於現代反出生主義的論點有相當大的影響，引起注目。

反出生主義基於倫理學的立場，主張「舉凡人類或是有感覺的生物，不出生比較好」（原註25）。不過必須注意的是，不會因為「不出生比較好」，所以「那就乾脆去死」。反出生主義的倫理學是向大多數抱持「幸好來到這世上」，也覺得理所當然的人傳達：有些人持反對意見也沒關係，不可以打壓。這是因為倫理學這門學問在探究什麼樣的生活方式是真正「理想」的，並更新一直以來的臆測。從倫理學的研究領域衍生反出生主義的理論，是在進入二十一世紀之後。

大衛・貝納塔的著作《生兒為人是何苦：出生在世的傷害》將反出生主義理論化，引起相當大的爭議（原註26）。根據他的說法，只要我們活著，就必然會經歷痛苦與不快等應避免的「禍害」。這些「禍害」最好不存在。不出生在世上，難道不是勝過生下來經歷「禍害」？（原

原註25：撰寫這段定義時，參考以下文獻：森岡正博《不要出生，是不是比較好？：厭世時代的生命哲學》，筑摩書房，二〇二〇年。

原註26：David Benatar（2006）, Better never to Have Been: The Harm of Coming into Existence, Oxford University Press.（大衛・貝納塔《生兒為人是何苦：出生在世的傷害》，台灣版，游擊文化，

註27）在這裡反映的是自古以來，世界各地都有人哀號著「活著就是痛苦」的洞察。

這種洞察展現在古希臘文學、印度哲學、佛教思想，到了近代在歌德、叔本華、尼采的學說也共同存在。

譬如佛教將生老病死視為苦惱，提出「解脫」。或是在古希臘，似乎已有「活著就是痛苦」的思想。關於這部分，尼采在《悲劇的誕生》中對「民眾的智慧」介紹如下：邁達斯國王在森林中追逐半人半獸的智者西勒努斯，他是戴奧尼索斯的伴侶，最後被捕捉到並遭到綑綁，國王逼問他對人來說什麼是最好的。西勒努斯回答：

「人類是生命短暫的悲慘種族，是偶然與勞苦之子。明明不問還

李屹譯，二〇二三年。

原註27：只要沒出生的話，會感受痛苦的生命就不存在，因此「比較好」。這樣的想法與反出生主義（人類不要生小孩比較好）與絕滅主義（人類可以滅亡）的主張相關。反出生主義有時會跟反生育主義畫上等號，為了區分已出生者與未來可能出生者的問題，在本書中只提及叔本華主要探討的前者。

比較好，你為什麼非要勉強我回答這個問題？對你來說，最好的命運就是不必出生，沒有來到這世上，根本不存在，沒有這個人。而你次佳的命運則是——立刻死去。」（《悲劇的誕生》第三節）（原註28）。

在這個時期，尼采受到叔本華強烈的影響。那麼，叔本華本身也是反出生主義者嗎？

叔本華是反出生主義者嗎？

叔本華被視為是歐洲反出生主義的代表人物（原註29）。這種看法有以下幾種根據：

原註28： 尼采《悲劇的誕生》，台灣版，布拉格文創社，潘秀珍譯，二〇二四。

原註29： 森岡正博同原註25。

我們本質上就不是非必要不可，所以大可不必存在。（Wir sind im Grunde etwas, das nicht sein sollte: darum hören wir auf zu sein）（原註30）

生存應僅視為一種迷妄，返回原狀即是救贖。（Demnach ist allerdings das Dasein anzusehen al seine Verirrung, von welcher zuruckzukommen Erlosung ist）〔中略〕其實我們生存的目的，無非是明瞭人類不存在比較好。（Als Zweck unseres ist in der Tat nichts anderes anzugeben, als die Erkenntnis, daß wir besser nicht da wären）（原註31）

原註30：主著續編第四十一章。W II, Bd. II, Kap. 41. S.649（Suhrkamp）。

原註31：主著續編第四十八章。W II, Bd. II, Kap. 48. S.775 Suhrkamp.

的確從這些引文中，可看到反出生主義的端倪。或許叔本華可視為廣義的反出生主義者，或是先驅。不過如果讀得更細，就會發現他的言論與現代反出生主義的主張有明顯差異。

最前面的一段引用是以「死」為主題，正因為我們「不是非必要不可」，所以不會一直存在，當然總有一天會消失。所謂「本質上就不是非必要不可」，能夠解釋為這不意味著我們平常所說的「惡」。那不像竊盜或殺人等犯罪行為，在判決時法律定義上的「惡」，另外跟譴責不忠或說謊等道德方面的「惡」，又屬於不同次元。在更根本的層面，我們的存在本身就是「惡」，就這層意義來說，假設我們不存在會是「善」的。

也就是說，正如第二段引言所述，對於叔本華而言存在是「惡」，因為那是「迷妄」的。我們受到求生存的意志支配，陷入對幻影的追逐，認為「表象的世界」是獨一無二真正的世界。依循其中的規則，相信努力滿足慾望才是正確的，這就是「迷妄」。只要生存在「作為表象的世界」，這種迷妄就絕對無可避免。

另外，叔本華的哲學並沒有放棄「救贖」的希望。也就是藉由「意志的否定」，有可能從「迷妄」獲得解脫。在叔本華的主著揭示，在「共苦」的瞬間，或專注於藝術時、藉由宗教的禁慾，我們可以從「惡」獲得解放。而晚年的叔本華在《附錄與補遺》提及平穩度過人生的「幸福」。叔本華哲學的中心包含這樣的希望，從這一點可說展現出超越反出生主義的可能性。

3 從「重複的歷史」脫離

叔本華與「重複的歷史」

正如目前為止已提過數次，叔本華的哲學為後世許多人帶來很大的影響。

譬如華格納與布拉姆斯、馬勒等音樂家。叔本華在各藝術領域中，認為音樂的地位最崇高，強調藝術天才的角色。尤其對音樂家影響最大的，就是「在這個世界上生存即是痛苦」的思考方式。

叔本華的思想虛無又黑暗，但富有喜感且愉快的書寫風格，影響無數小說家、詩人、劇作家、散文家、歷史學家等文豪與作家。譬如愛倫坡、屠格涅夫、雅各．布克哈特、托爾斯泰、埃米爾．左拉、紀德、普魯斯特、托瑪斯．曼等。

而且後世的哲學家也從叔本華的哲學中，找出與自身問題意識相符的部分，加以活用。如愛德華．馮．哈特曼、尼采、亨利．柏格森、維根斯坦等。

叔本華哲學具有多種面向，其中最值得給予高度評價的是：他在極度重視「歷史思想」的十九世紀德國正面反抗，提倡從「重複的歷史」獲得自由。

叔本華的假想敵是歷史哲學家黑格爾。當叔本華出版主要著作《作為意志和表象的世界》，並終於獲得柏林大學的教職時，黑格爾已邁入成熟期，成為當代數一數二的哲學家，他的學說甚至被譽為「國家哲學」。

黑格爾的哲學以「精神發展」過程，有邏輯地說明歷史演進。就像人類從由非理性的感情或本能支配的幼年期，成長為有理性的人，行為舉止就像社會的一分子，人類的歷史一路發展，朝向完成。法國大革命可作為佐證。每個人都在「歷史」的領域中找到屬於自己的角色，成為人類朝向繼續發展與完成的「故事」一部分。這個「龐大的故事」讓許多出生在革命時代的人們，看到了希望之光。然而，在歐洲許多國家革命的夢想破碎，由於黑格爾的哲學包含各種面向，而遭受保守反動體制利用。

叔本華沒有原因地就是厭惡黑格爾的歷史哲學。究竟歷史是什麼？如果是故事，必然會有開始跟結束。人類究竟從何而來，又將如何到達目的地？

從叔本華哲學的立場來看，在歷史中演進的人們也全都受意志的支配，而意志並沒有目的地。所謂「歷史」只不過是求生存的意志毫無目的產生的「迷妄」。叔本華所試圖勾勒的，是不會被「歷史」收回的自由，如尼采所說的「超歷史」（原註32）。

原註32：關於「超歷史」是參照尼采《不合時宜的考察》第二論文〈歷史的利害之於生〉。

脫離「歷史」獲得自由

一八三一年黑格爾因霍亂而過世後，德國哲學陷入「定義的危機」（原註33）。所謂哲學「龐大的故事」已不可靠。除了談論歷史以外，哲學還可以做什麼？以這樣的危機為背景，自然科學日益發達。自然科學的方法與成果展現「事實的世界」，引導人類的發展。哲學已不像過往一樣，擔任為科學奠定基礎的角色。

在這個時代，歷史學脫離哲學後作為科學開始發展。當時的研究者認為，歷史不是思考性地敘述「龐大的故事」，應該是探究可實證客觀事實的成果。十九世紀稱為「科學的時代」，這不是專指自然科學的發展，而是像歷史學這樣的領域也成為科學。

原註33： 參照下列文獻：赫爾伯特．施納德巴赫《德國哲學史1831-1933》，舟山俊明等譯，法政大學出版局，二〇〇九年。以及Frederick C. Beiser（2014），After Hegel: German Philosophy 1840-1900, Princeston University Press.

其中，歷史學的成立別具意義。在黑格爾過世後「歷史思想」表面上銷聲匿跡，其實轉型為歷史主義，在十九世紀德國思想形成引發討論的磁場之一。所謂歷史主義，簡單說，採取的立場是「人類所產生的一切都是歷史的產物」。提出歷史的外部並不存在，一切都在歷史內的世界觀。這樣的歷史主義將人類所有進程都概括為「歷史的一部分」，減少「超歷史」（亦即歷史外部的神，像概念般形而上學的實在）的領域，將各種事物在歷史中相對化，形成更大的曲折。

這絕非與己無關的事。儘管置身於現代日本社會的你我，根本不可能設定歷史的開始與終結，仍會隨時受到動員，為「更環保的社會」或「永續發展」有所貢獻，這些理念的實現也將成為我們在「歷史思想」的定位。

一八四四年，叔本華的主著《作為意志和表象的世界》再版。在「哲學瀕臨危機」的「科學時代」，仍可充分呼吸到過去尋求「歷史思想」的氣息，而他再度向世界提出的是該如何生存的實在問題，那是其他哲學家未注意到的。也就是如何從驅使著我們的「危機」或「科學」、「歷史」等一切束縛解脫。

無歸屬者的安身立命之處

藉由閱讀叔本華的哲學，在我們心底會形成庇護所。這種庇護所可以幫助我們擺脫「生存的意志」及「意志」產生的一切「迷妄」，在內心保留自由的空間。

我們每天都理所當然地認真活著。為了自己，為了家庭、夥伴或朋友而努力。在學校學習、在辦公室工作，作為社會的一分子盡心盡力。或是為了讓日本或其他地域更富足，甚至也有人是為全世界而奮鬥。有的人致力於文化，也有人促進經濟發展，或是為氣候變遷提出對策，都在為將來人類社會的發展而有所貢獻。

我們要理解現狀，承襲過去，迎向未來並持續努力，活在將成為「歷史」的此時此刻。我們一定在「歷史」中有所歸屬，必須成為什麼。於是能夠肯定「試圖生存的意志」。

不過根據叔本華的說法，這些「歷史」的一切只不過是「迷妄」。

我們透過富有哲學性的方式思考生存究竟是怎麼回事，脫離「歷史」的掌控，識破從中衍生的「生存的意志」，理解「意志的否定」的真理。這就是來自叔本華的訊息。當然，他也意識到「哲學家阿圖爾·叔本華」所扮演的角色，昂首闊步走在十九世紀法蘭克福的街道。不過那是他依循「意志的否定」處世哲學所累積的「業」，儘管在不同時代與國度都沒有真正的歸屬，他的心還是贏得了不可動搖的自由。

結語

人生是痛苦的，這是本書的出發點。為了避免誤會，我要言明在先：筆者現在過得很幸福。不過這只是主觀的想法，恐怕只不過是「迷妄」而已。正如叔本華所說，如果試著客觀思考，我想人生的本質應該是痛苦。

我們每個人都持續受到無限的慾望驅使，人生不可能達到完全的滿足。儘管認真地活，試圖為善，無論在哪裡總會有不理解自己的人，災害與疾病也會毫無道理地降臨。就算立志要有所成就，死亡終究會到來。

叔本華的想法果然蘊含真理。但是沒有必要因此輕蔑自覺過得幸福的人，或是刻意否定現在自己所感受到的幸福。毋寧說「我現在感覺很幸福」跟「人生的本質是痛苦」是可以並存的，難道不是這樣嗎？

儘管人生的本質是痛苦，視不同狀況，依然有各種方式可以找到幸福吧。而且就算認為那只是一廂情願，正因為我們感覺到幸福，所以能夠繼續活下去。譬如當我跟陌生人相逢，跟每天有不同情緒變化的家人相處的時光，去沒去過的地方旅行，有機會嘗試新工作或是學習新事物，可說的確感到很有意思，覺得只要活著就會遇到有趣的事。這或許可說是我個人「內在的財富」（第三章第三節）。因此甚至讓我想要活得越久越好，這可說是我的福氣。各位讀者想必也有屬於自己的「內在的財富」吧。希望你身旁有人會提醒你，用心地栽培你，我想這也是一種幸福的泉源。

幸福究竟是什麼呢？主觀與客觀之間究竟是什麼樣的關係？或許有些讀者在閱讀本書時，一些已經釐清的問題又再度浮現。我想這樣的人一定非常聰穎，習慣自己思考哲學問題。

讀過哲學後，可以藉由哲學的提問讓內心隱約模糊的感覺具體化。哲學可以將許多人苦於無法語言化、內心煩惱的種子轉換為問題的形式，轉化為引發學習的力量。能夠將模糊的感覺轉換成哲學問題時，我們的心會不可思議地變得開朗，對於問題能夠開始自己思考探索。

哲學是愛智慧的學問，傳統稱為「靈魂的照顧」，據說有撫慰人心的作用，或許也是因為這個緣故吧。我由衷希望本書所介紹的叔本華思想能夠成為契機，讓人明瞭哲學思考的優點。

另外正如注釋所示，本書的內容幾乎都不是筆者自己所獨創，是引用先前研究的觀點，活用前人的研究成果而寫成。如果其中有讓人覺得精彩的地方，要歸功於前人；若是有寫得不夠好的部分，則要怪筆者自己學藝不精。如果對於解釋有不同看法，請務必指教，我想這會是個學習的機會。

我過去的研究重心是尼采哲學，對於叔本華則是抱持興趣研究。

在此也想向日本叔本華協會的諸位成員隆重致謝，當我還在就讀大學院時，協會就對我提供溫暖協助，令我不勝感激。如果透過本書能讓更多人認識叔本華，我想或許也算是對協會微小的報答，這也是我書寫這本書主要的動機之一。

還有在忙碌中仍不忘看稿提供適當建議、給予我勇氣出書的齋藤智志先生、竹內綱史先生，在研究會等場合讓我學到更多的諸位，我想由衷表達感謝。

這本書起初是因為講談社的小林雅宏先生提議，促使我生平第一次寫書。後來他更屢次提供諮詢，與我共同朝向出版前進。我想向他鄭重道謝。

拿起這本認為「人生是痛苦的」奇異的書，這樣的讀者必定具備勇氣與幽默感，所以最後我也想向各位表達我的感謝與敬意。

二〇二一年八月　梅田孝太

相關書目

叔本華的著作

- 《叔本華全集》，全十四卷，別冊一卷，白水社，初版一九七三～七五年（一九九六年、二〇〇四年再版）
- 《作為意志和表象的世界》，全三卷，西尾幹二譯，中公古典，二〇〇四年（台灣版，新雨出版，石冲白譯，二〇二三年）

＊以下從《附錄與補遺》擇譯

- 《幸福論》，鈴木芳子譯，光文社古典新譯文庫，二〇一八年
- 《讀書論》，鈴木芳子譯，光文社古典新譯文庫，二〇一三年
- 《幸福論暨人生論》，橋本文夫譯，新潮文庫，二〇〇五年

- 《讀書論暨其他二篇》，齋藤忍隨譯，岩波文庫，一九八三年
- 《自殺論暨其他四篇》，齋藤信治譯，岩波文庫，一九七九年
- 《叔本華隨感錄》，秋山英夫譯，白水社，一九七八年（新裝版一九九八年）
- 《論知性暨其他四篇》，細谷貞雄譯，岩波文庫，一九六一年

為了認識哲學思辨的推薦入門書

- 湯瑪斯．內格爾《哲學是什麼？極短哲學入門》，岡本裕一朗、若松良樹譯，昭和堂，一九九三年
- 大森莊藏《流動與沉澱——哲學斷章》產業圖書，一九八一年

＊為了讓哲學思辨的能力更精湛，必須承襲前人的智慧，學習正確的用字遣詞。以這層意義來說，學哲學也就是讀歷史，絕不能對哲學史輕忽。此外，想讀叔本華哲學還必須涉獵康德哲學。

• 《哲學的歷史》系列，中央公論新社，二〇〇七～八年
• 《世界哲學史》系列，筑摩新書，二〇二〇年
• 御子柴善之《自己思考的勇氣——康德哲學入門》，岩波少年新書，二〇一五年

叔本華哲學入門書

• 竹內綱史「第三章 西洋批判的哲學」，收錄於《世界哲學史七 近代II——自由與歷史的發展》，筑摩新書，二〇二〇年
• 齋藤智志「生與哲學 叔本華——作為戰鬥的哲學之生」，收錄於《歐洲現代哲學的招待》，梓出版社，二〇〇九年
• 鎌田康男「叔本華」，收錄於《哲學的歷史九——反哲學與世紀末》，中央公論新社，二〇〇七年
• 遠山義孝《人與思想七十七·叔本華》清水書院，一九八六年

叔本華的哲學概述與傳記

- E．桑斯《叔本華》，Que sais-je 文庫（白水社），一九九四年
- 呂迪格．薩弗蘭斯基《叔本華——在哲學混亂時代的傳記》，法政大學出版局，一九九〇年
- W．阿本德羅特《叔本華》，RORORO 傳記叢書，理想社，一九八三年

叔本華哲學的研究書

- 齋藤智志、高橋陽一郎、板橋勇仁編《叔本華讀本》，法政大學出版局，二〇〇七年

  ＊關於叔本華的認識論、自然哲學、倫理學、藝術論、宗教論等多種主題的研究書。

● 格奧爾格・齊美爾《齊美爾著作集 第五卷——叔本華與尼采》，吉村博次譯，白水社，一九七五年（新裝再版，二〇〇四年）

研究叔本華學位論文時的必讀書

● 鎌田康男、齋藤智志、高橋陽一郎、臼木悅生譯《叔本華哲學的再構築（新裝版）》，法政大學出版局，二〇一〇年

關於叔本華哲學之觀念論與實在論矛盾的研究書

● 高橋陽一郎《成為藝術的哲學——叔本華哲學裡矛盾的意義》，晃洋書房，二〇一六年

關於叔本華實踐哲學與政治思想的研究書

- 伊藤貴雄《叔本華・拒絕服兵役的哲學——戰爭・法・國家》，晃洋書房，二〇一四年
- 遠山義孝，同前書

關於叔本華自由論的研究書籍

- 板橋勇仁《無限意志的系譜——叔本華與意志否定的思想》，法政大學出版局，二〇一六年

關於叔本華倫理學的研究書

- 邁克爾・豪斯克勒《生之悲——叔本華倫理學入門》，峠尚武譯，法政大學出版局，二〇〇四年

叔本華與印度哲學關聯的研究

- 《叔本華研究》第三輯（湯田豐〈叔本華與印度哲學〉，一九九七年）；第六輯（橋本智津子〈叔本華與《五十奧義書》——以認識自己的問題為中心探討《五十奧義書》〉，二〇〇一年）；第九輯（松濤誠達〈什麼是《五十奧義書》——理解叔本華〉，二〇〇四年），日本叔本華協會
- 湯田豐《叔本華與印度哲學》，晃洋書房，一九九六年
- 兵頭高夫《叔本華論——比較思想的嘗試》，行路社，一九八五年

關於叔本華哲學引進日本的研究

- 茅野良男〈叔本華哲學在日本〉，收錄於《叔本華全集 別輯》，白水社，一九七五年（一九九六年新裝再版）
- 《叔本華研究》第十二卷（井上克人〈關於明治時期叔本華哲學在日

本——由井上哲次郎、拉斐爾·馮·庫伯、三宅雪嶺構成的本體一元論系譜〉，二〇〇七年）、第十四卷（茅野良男〈叔本華在日本的接受度與課題·之一〉，二〇〇九年），日本叔本華協會

• 兵頭高夫〈叔本華哲學在日本推廣的問題——以拉斐爾·馮·庫伯為主〉，《武藏大學人文學會雜誌》第二十一卷第一輯、第二輯，一九九〇年

＊關於其他西洋哲學引進日本的情形參考如下：

• 藤田正勝《日本哲學史》，昭和堂，二〇一八年

叔本華：在充滿慾望的世界求生存

今を生きる思想 ショーペンハウアー 慾望にまみれた世界を生き抜く

作者　梅田孝太
譯者　嚴可婷
主編　蔡曉玲
行銷企劃　王芃歡
封面設計　Bianco Tsai
內頁設計　賴姵伶
校對　黃薇霓

發行人　王榮文
出版發行　遠流出版事業股份有限公司
地址　臺北市中山北路一段 11 號 13 樓
客服電話　02-2571-0297
傳真　02-2571-0197
郵撥　0189456-1
著作權顧問　蕭雄淋律師

2024 年 10 月 1 日初版一刷
定價新台幣 350 元
（如有缺頁或破損，請寄回更換）

Printed in Taiwan
ISBN：978-626-361-904-3
遠流博識網　http://www.ylib.com
E-mail: ylib@ylib.com

IMA O IKIRU SHISOU SCHOPENHAUER YOKUBOU NI MAMIRETA SEKAI O IKINUK

國家圖書館出版品預行編目 (CIP) 資料

叔本華：在充滿慾望的世界求生存 / 梅田孝太著；嚴可婷譯 . -- 初版 . -- 臺北市：遠流出版事業股份有限公司 , 2024.10
面；　公分
譯自：ショーペンハウアー 慾望にまみれた世界を生き抜く
ISBN 978-626-361-904-3(平裝)
1.CST: 叔本華 (Schopenhauer, Arthur, 1788-1860) 2.CST: 學術思想 3.CST: 哲學
147.53　113012944